Ralf Bierod

Happy End auf See

Der Wertewandel der Kreuzfahrt im Spiegelbild der Filmgeschichte

Ralf Bierod

HAPPY END AUF SEE

Der Wertewandel der Kreuzfahrt im Spiegelbild der Filmgeschichte

ibidem-Verlag
Stuttgart

Bibliografische Information der Deutschen Nationalbibliothek
Die Deutsche Nationalbibliothek verzeichnet diese Publikation in der Deutschen Nationalbibliografie; detaillierte bibliografische Daten sind im Internet über http://dnb.d-nb.de abrufbar.

Bibliographic information published by the Deutsche Nationalbibliothek
Die Deutsche Nationalbibliothek lists this publication in the Deutsche Nationalbibliografie; detailed bibliographic data are available in the Internet at http://dnb.d-nb.de.

∞

Gedruckt auf alterungsbeständigem, säurefreien Papier
Printed on acid-free paper

ISBN-13: 978-3-8382-0193-1

Zweite, überarbeitete und erweiterte Auflage

Printed in Germany

Inhaltsverzeichnis

Teil I: Funktion und Bedeutung des Passagierschiffs als Schauplatz im Spielfilm

Die Seereise als hoffnungsvoller Neubeginn, als Weg zur Läuterung und inneren Einsicht. Mal erscheint sie als Symbol des schicksalhaften Weges oder als Metapher für das Leben und den Lauf der Dinge schlechthin. Das Schiff ist mal Gefährt glücklicher Erwartung, Wiege und Wegbegleiter der Liebenden, aber auch Sinnbild für den Aufbruch in eine neue Zeit. Auf dem Schiff verschmelzen unsere Träume – wie im Kino.

Greta Garbo, Barbara Stanwyck und Carole Lombard, Marilyn Monroe und Harold Lloyd, Heinz Erhard und Cary Grant haben auf Passagierdampfern ihre größten Erfolge gehabt – auch wenn der Deckstuhl nur im Studio stand. Romanzen, Dramen und Komödien konkurrieren mit Musicals, Katastrophen, Krimis und Horrorschockern. Der Film spiegelt die Wertvorstellung der Seereise und weckt ebenso unsere Erwartung daran.

Als der Film gegen Ende des 19. Jahrhunderts als neues Medium die Massen zu begeistern begann, strebte die Überseedampfschifffahrt immer neuen Rekorden entgegen. Größere und schnellere Liner verknüpften die Kontinente in immer kürzerer Taktzeit. Technische Innovationen waren schon binnen weniger Jahre von neuen Ideen überholt. Auf das Zweischraubenschiff folgten Vierschraubenschnelldampfer, auf die Dreifachexpansionsmaschine der Antrieb mit Getriebeturbinen. Der Film ging mit dem Schiff eine ebenso lebenslange Freundschaft ein wie mit der Eisenbahn und später mit dem Flugzeug. Seegang und Rauch aus den Schloten übten immer wieder Faszination auf die bewegten Bilder aus. Für Dramaturgen erwies sich der Dampfer als Glücksfall. Das Bordleben komprimierte das moderne Leben der großen Welt. In der Weltwirtschaftskrise zu Beginn der 30er Jahre geriet die Überseepassagierschifffahrt ebenso in kommerzielle Schieflage wie das Kino. Nach einer Renaissance in den 50er Jahren wurde das eine durch das Flugzeug bedroht und das andere durch das Fernsehen. Heute boomt die weltweite Kreuzfahrt. Mega-Liner von einer Größe, die noch vor 20 Jahren unvorstellbar schien, befördern Passagiere in einer Anzahl, die die Kapazität der früheren Ozeanriesen weit übertrifft. Kino, Fernsehen und Internet haben an dieser Begeisterung für das Reisen zur See beträchtlichen Anteil. Die Symbolkraft, die die Traumfabriken den Passagierdampfern zudachten, war stetem Wandel unterworfen. In den 20er und 30er Jahren war der Ozeanriese Projektionsfläche für Klassengegensätze. Viele Filme haben den Ozeandampfer als metaphorisches Zitat für bisweilen kurze aber tiefsinnige Sequenzen genutzt. Charlie Chaplins berühmtes Abenteuer Goldrausch (The Gold Rush) von 1924 über den kleinen Vagabunden, der in Alaska sein Glück sucht und es schließlich findet, endet mit seiner Abreise auf einem Passagierschiff im Hafen von New York. Der zu Reichtum und Liebe gelangte Tramp schifft sich mit seinem Mädchen ein. Erst noch muss er sich an die vornehme Welt gewöhnen. Der elegante Anzug behagt noch nicht. Dieser Schluss – der gleichzeitig Aufbruch ist – war ein durchaus boshafter Seitenhieb auf amerikanische Wertvorstellungen. Mit der Reise nach Europa wiesen sich gerade die Neureichen gern als Mitglied der High Society aus. Der Goldrausch führt ohne Umweg direkt auf den Luxusdampfer.

Die Transatlantikreise als Statussymbol und Krönung des sozialen Aufstiegs rückte 1925 die Drehbuchautorin und Dramaturgin Anita Loos (1888 – 1981) für ihren Bestseller und Broadway-Hit „Blondinen bevorzugt" (Gentlemen Prefer Blondes) in den Mittelpunkt. Paramount verfilmte den Stoff 1928 mit Ruth Taylor. Zwei so genannte Golddiggers, Mädchen, die sich Millionären an die Fersen heften, schiffen sich nach Europa ein, um eine gute Partie zu machen. Der Luxusliner ist somit im doppelten Sinne Transportmittel in die Welt des Reichtums. Geschichten dieser Art richteten sich vorrangig an das weibliche Publikum. In einer Zeit, in der die Masse der männlichen Beschäftigten Industriearbeiter war, die während der Woche kaum Gelegenheit für einen Kinobesuch fanden, stellten Frauen den größeren Teil unter den Kinogängern. Der Erfolg des Films, das Studio Paramount erhielt 14.000 Fanbriefe, führte zu einer ganzen Reihe ähnlicher Komödien, die zum Teil auf Romanen basierten, und schließlich 1954 zu dem berühmten Remake mit Marilyn Monroe und Jane Russell. Dabei bildet das Schiff stets die Klassenhierarchie und die soziale Struktur der amerikanischen Gesellschaft ab und ist Fahrzeug für Karrieristen.

Die Seereise veredelt und adelt eine jede Biographie. In diesem Sinne setzten eine ganze Reihe Komödien das Passagierschiff als Schauplatz ein. Die Marx Brothers, Harold Lloyd und Alfred Hitchcock persiflierten den Standesdünkel der Oberklasse Anfang der 30er Jahre auf diese Weise. Harold Lloyd stolperte 1930 in „Feet First" als sich vermögend gebender Schuhverkäufer auf einem Luxusdampfer von einem Fettnäpfchen in das andere. Alfred Hitchcocks Satire „Endlich sind wir reich" (Rich and Strange) zeigte 1932 ein junges Paar, das sich nach Erbschaft mit der Seereise einen Lebenstraum erfüllt. Schnell müssen die beiden jedoch entdecken, dass in den oberen Kreisen Regeln gelten, die mit neuen Unfreiheiten verbunden sind. Die Traumreise befriedigt Fernweh und Sehnsucht nicht. Den Standesdünkel der Oberklasse persiflierten auch die Marx Brothers in „Monkey Business". Nach einer tatsächlichen Transatlantikreise waren die Komiker auf die Idee zu diesem Originaldrehbuch von Paramount gekommen. Als blinde Passagiere richten sie unter Besatzung und Fahrgästen nach dem Schneeballsystem das blanke Durcheinander an. In der Screwball-Komödie „The Princess Comes

Across" (Eine Prinzessin für Amerika) ließ Paramount 1936 Carole Lombard als Hochstaplerin auf eine Transatlantikreise gehen. Eine einfache Tänzerin aus Brooklyn gibt sich an Bord als schwedische Prinzessin und Hollywood-Schönheit aus. Als sie sich in einen Musiker der Bordkapelle verliebt, wird es kompliziert. Beide geraten in den Verdacht, einen Erpresser ermordet zu haben, und verwickeln sich in ein heilloses Lügengeflecht. Der Ozeanriese wird hier zur Weltbühne für Schein und Sein, Lug und Trug und somit zum Synonym für alle Lebenslügen.

Geschichten dieser Art spielten im Hollywood-Kino immer in der Ersten Klasse. Während der wirtschaftlichen Depression wagte kaum eine Produktion die Gegenwart der Massen abzubilden. Dies gilt auch für das kriminalistische Musical „Transatlantic Merry-go-round" von 1934. Nach der Frage, wer der Täter war, stehen hier eine ganze Anzahl Passagiere im Verdacht, während der Überfahrt einen bekannten Gangster-Boss ermordet zu haben. Das hält die Beteiligten jedoch nicht davon ab, in einem ästhetisch auf Hochglanz gestalteten, realen Vorbildern auf Ozeanriesen nachempfundenen Set im Art déco zu turteln, zu singen und zu tanzen. Das Schiff ist ein isolierter, geschlossener Kosmos und als Schauplatz des Verbrechens deshalb immer wieder beliebtes Motiv gewesen. Den Ozeanriesen als Symbol für eine sündhafte, überhebliche und gottvergessene Gesellschaft wählte 20th Century Fox 1935 für „Dante's Inferno". Der von seiner Reederei entlassene Steward eines Ozeandampfers gründet einen Vergnügungspark und wird vermögend. Er setzt auch seine Idee für das Spielcasino auf einem Luxusdampfer in die Tat um. Am Ende jedoch sinkt das Schiff. Dieser Film mit Spencer Tracy und Rita Hayworth war eine A-Produktion. Doch schon zu dieser Zeit warfen die Hollywoodstudios zahlreiche B-Filme mit dem Passagierschiff als Schauplatz auf den Markt. Korridore mit Handlauf und Kabinen mit Bullauge sind darin die signifikanten Merkmale in den Dekorationen von billig hergestellten Krimis auf hoher See. Das Schiff als solches taucht allenfalls in kürzesten Sequenzen auf der Basis von Wochenschaumaterial auf. Somit lässt sich erstmals eine inflationäre Tendenz bei Themen zur See feststellen. Für Liebhaber der historischen Schifffahrt sind diese Filme nicht unbedingt eine Empfehlung.

Rückten Drehbuchautoren Menschen jenseits der oberen Klasse in den Mittelpunkt ihrer Filme, erleichterte dies die Identifikation des Publikums mit den Kinohelden. In diesen Fällen ereignet sich das Drama aber dann an fernen exotischen Schauplätzen. Warner Brothers hatte 1932 mit „Reise ohne Wiederkehr" (One Way Passage) das klassische Hochsee-Melodram herausgebracht, das für viele spätere Traumschiffromanzen über Jahrzehnte hinweg Vorbild blieb. Eine sterbenskranke Frau und ein zum Tode verurteilter Häftling lernen sich an Bord eines Pazifik-Liners auf der Reise nach San Francisco kennen. Sie hofft auf Heilung, er auf Begnadigung. Sie geben sich das Versprechen, sich am Silvesterabend wiederzusehen, sollten sie überleben. Für beide erfüllt sich dieser Wunsch aber nicht. Unter dem Titel „Till We Meet Again" erschien 1940 das erste Remake.

Im Stummfilm wie auch im ersten Jahrzehnt des Tonfilms wird die Seereise zumeist vor dem Hintergrund der Linienschifffahrt dargestellt. Die schon seit dem Ende des 19. Jahrhunderts verbreitete Form der pauschalen Kreuzfahrt als kulturelle Bildungsreise spiegelt sich in Drehbüchern kaum wider. Wenn es um solche Vergnügungsreisen zur See geht, spielen Filme jener Zeit zumeist auf privaten Yachten, so etwa in „I Live my Life" von 1935, in der Joan Crawford eine Touristin darstellt, die in Griechenland antike Sehenswürdigkeiten besichtigen will. Gleiches gilt für die boshafte Paramount-Komödie „We are not Dressing" (Schiffbruch unter Palmen) von 1932. Eine Party-Gesellschaft von Millionären kentert und muss sich bei der Rettung auf den Instinkt eines hemdsärmeligen Seemannes der verpönten Unterschicht verlassen. Ohne Smoking ist auch der Millionär ein blanker Habenichts, so die bissige Kernaussage. Die Kreuzfahrt, die zu attraktiven Zielgebieten führt, wird in den 30er Jahren im Spielfilm kaum dargestellt. Die Produktionsweise der Filmfirmen im stationären Studio vertrug sich nicht mit der Idee des Reisefilms. Dabei war gerade die Kreuzfahrt ein wachsender Zweig im Geschäft der Reedereien, als Alternative zum stagnierenden Passagieraufkommen in der Linienschifffahrt. Hatten die großen europäischen Reedereien zunächst ihre älteren, nicht ausgelasteten Schiffe für Kreuzfahrtreisen ins Nordland oder ins östliche Mittelmeer genutzt, warben sie gegen Ende der 30er Jahre sogar mit ihren Spitzenschiffen um amerikanisches Reisepublikum für Kreuzfahrten von US-Häfen aus. Mit der „Bremen" des Norddeutschen Lloyd ging es zu den Bermudas, mit der „Normandie" der CGT nach Südamerika. Nach der Weltwirtschaftskrise hatte die wachsende politische Instabilität in Europa seit 1933 zu einem weiteren Rückgang von Buchungen auf dem Nordatlantik geführt. So bildete der Film nicht immer die Entwicklung in der Seefahrt ab, es sei denn, der Markt zwang Filmproduzenten dazu.

Mit Ausbruch des Zweiten Weltkriegs fiel Europa als Absatzmarkt für Hollywoodfilme nämlich ebenso aus wie als Schauplatz. Die Studios entdeckten rasch als attraktive Alternative die Südamerikafahrt, die Passagierlinien zu den Bermudas, nach Südamerika und nach Hawaii und schrieben skurrile Drehbücher für rasante Komödien. In all diesen Fahrtgebieten waren seit Mitte der 20er Jahre große amerikanische Liner in Betrieb. Das Kreuzfahrtschiff lieferte den idealen Schauplatz für die Symbiose von Champagnerlaune, Swingmusik, Exotik, Mode und Eleganz. Das Musical „Schiff ahoi" bündelte all dies 1942 mit Revuestar Eleanor Powell und dem Orchester von Tommy Dorsey. Eine Tänzerin verliebt sich an Bord in einen Buchautor. Sie glaubt, im Regierungsauftrag eine neue Magnetmine im Gepäck zu schmuggeln. Tatsächlich ist sie Opfer eines Täuschungsmanövers feindlicher Agenten, die die Idee dazu aus dem Buch jenes mitreisenden Autors haben. Während die aufwendigen Studiobauten einen großen eleganten Ozeanriesen vortäuschen, zeigt der Film für drei Sekunden die Dokumentaraufnahme eines kleinen Passagierdampfers, der schon proportional unmöglich zu den Studiobauten passen kann. Weil kaum ein Zuschauer jemals ein echtes Passagierschiff zu Gesicht bekam, ignorierten Regisseure gerne Fragen der Logik.

Größtenteils entstanden die Filme als reine Studioproduktionen. Eine Ausnahme bildete etwa 1929 die stumme Ufa-Produktion „Wenn Du einmal dein Herz verschenkst“. Für dieses Abenteuer mit Lilian Harvey als blinde Passagierin charterte man einen Dampfer und schickte das Filmteam für viele Wochen zu den Kanaren und nach Madeira auf See. Harold Lloyds Groteske „Feet First“ entstand 1930 zum Teil auf dem großen amerikanischen Passagierschiff „Malolo“, das seit 1927 die Linie von San Francisco nach Honolulu befuhr. Die sperrige und immobile Tonfilmtechnik hielt die Teams jedoch zumeist in den Studios fest. Häufig sehen wir Aufnahmen mit Modellschiffen. Für das Abenteuer „Das Schiff der verlorenen Menschen“, in dem Marlene Dietrich eine Flugpionierin spielt, die auf hoher See notlanden muss, ließ Regisseur Maurice Tourneur 1929 in Berlin-Staaken die 30 Meter hohe Bordwand eines Ozeanriesen nachbauen und ein zwölf Meter langes Modell anfertigen. Wie sich das hell erleuchtete Riesenschiff, das den damals neuen Super-Linern „Bremen“ und „Europa“ nachempfunden ist, in das Bild schiebt, ist auch heute noch verblüffend und atemberaubend. Wenn doch mal ein echter Liner für wenige Sekunden über die Leinwand dampft, stellt sich heute stets dieselbe Frage, welches Schiff hier im Bild war. Gerade die Hollywoodstudios mogelten bei diesem Aspekt und schnitten oft Aufnahmen von unbekannten Dampfern dazwischen, die gar nicht in dem thematisierten Fahrgebiet verkehrten. Oft passen auch die Studiobauten nicht zu dem gezeigten Schiff. So zum Beispiel in der rasanten Komödie „Die Falschspielerin“ (The Lady Eve) von 1941, in der Barbara Stanwyck als professionelle Betrügerin an Bord eines Luxusliners Henry Fonda böse übers Ohr haut. Der Film zeigt die „Queen Mary“, die hier angeblich aus Südamerika kommt. Dazwischen sieht man Schornsteine und Bauten in Dokumentaraufnahmen, die erkennbar von anderen, kleineren Schiffen stammen. Diese mangelnde Korrektheit verblüfft vor allem deshalb, weil die großen Überseeliner via Wochenschau dem amerikanischen Publikum durchaus vertraut waren. Geschwindigkeitsrekorde um das Blaue Band, Rekorde hinsichtlich Größe, Raummaß und Länge der Schiffe waren Dauerthema in den Filmnachrichten. Aber auch die Ankünfte und Abreisen von prominenten Sportlern, Filmstars und Nobelpreisträgern in den Überseehäfen waren immer eine Bildnachricht. Selbst von der Verschrottung des Cunard-Liners „Berengaria“ wurde 1938 für die Wochenschau ein umfangreicher Nachrichtenfilm hergestellt. Es gibt unzählige dokumentarische Filme aus der großen Zeit der Ozeanriesen von den 20er Jahren an bis in die 60er. Auf der Internetplattform „YouTube“ finden diese historischen Aufnahmen seit Jahren ein breites Publikum. Darunter sind auch viele private Amateurfilme von erstaunlicher Qualität. Immer wieder dampfen sie durchs Bild, die „Majestic“ und die „Olympic“ der White Star Line, die „Berengaria“ von Cunard, die „Nieuw Amsterdam“ der Holland-America-Line, „Bremen“ und „Europa“ vom Norddeutschen Lloyd, die „Normandie“ und ihre fantastisch gestalteten Gesellschaftsräume in beeindruckenden Farbaufnahmen von einer Reise aus dem Jahr 1938. Auch amerikanische Ozeanriesen, wie die für den Dienst von San Francisco nach Honolulu und Sydney 1926 und 1931 gebauten Schwestern „Malolo“, „Mariposa“, „Monterey“ und

„Lurline" der Matson Navigation Company, waren Objekt von Wochenschauen.

Hinsichtlich Kameraführung und Montage sind viele dieser Dokumentationen visuell hochwertig. Im amerikanischen Spielfilm der 30er und 40er Jahre spiegelt sich diese Faszination an der Technik jedoch kaum wider. Aufnahmen der Schiffe sind oft nur kürzeste und dabei auch schlecht fotografierte Schnipsel, bisweilen auch im Rückprojektionsverfahren, was zusätzlich Unschärfe mit sich brachte. Vermutlich durften die Schiffe einzelner Reedereien aus wettbewerbsrechtlichen Gründen nicht erkennbar werden. In Filmen der 30er Jahre, die auf kleineren Pazifik-Linern spielen, gelang oftmals eine plausiblere Umsetzung. In „One Way Passage" oder auch „China Seas" harmonieren Studiobauten und dokumentarische Aufnahmen weit besser miteinander. Deutsche Produktionen legten grundsätzlich mehr Wert auf Authentizität. Die Krimikomödie „Spiel an Bord" und die Marika-Rökk-Revue „Und Du mein Schatzt fährst mit" zeigten beide um 1936 zahlreiche dokumentarische Aufnahmen von der „Bremen" und wurden zum großen Teil auch an Bord des Schnelldampfers gedreht. Die „Cap Arcona" der Linie Hamburg Süd, größter und schnellster Luxusliner auf dem Südatlantik, wurde 1943 Schauplatz für die deutsche Titanic-Version. Die 1958 für die Hamburg-Atlantik-Linie in Fahrt gekommene „Hanseatic" ist Mittelpunkt der Heinz-Erhard-Komödie „Drillinge an Bord" sowie der ersten Verfilmung der Gustloff-Katastrophe „Nacht fiel über Gotenhafen" (1959). Der von der Hapag bereederte Atlantikliner „Italia" wurde im selben Jahr Drehort des Abenteuerfilms „Peter Voss, der Millionendieb" mit O.W. Fischer. Der schöne italienische Südatlantikliner „Eugenio Costa" steht in der 1983 erschienenen schweizerischen Produktion „Trans-Atlantique" im Mittelpunkt. Das italiensche Kreuzfahrtschiff „Achille Lauro" ist Schauplatz für zwei Filme aus den

Jahren 1989 und 1990 über die spektakuläre Entführung desselben Liners im Oktober 1985 durch Terroristen vor Ägypten.

Die Begeisterung für historische Filmaufnahmen von Ozeanriesen im Internet findet eine Parallele für die Faszination bei klassischen Spielfilmen aus derselben Epoche. Gerade in den letzten Jahren belegt eine Fülle von Nostalgiebüchern über berühmte Atlantikliner die Verklärung und Legendenbildung des Jahrzehnts vor dem Zweiten Weltkrieg, dem ein verloren gegangenes Lebensgefühl von zeitloser Eleganz und Perfektion zugeschrieben wird. Diese Sehnsucht wird auch auf Filme projiziert, auf temporeiche Komödien von Ernst Lubitsch, Revuen von Busby Berkely und Musicals mit Fred Astaire. Diese Epoche erscheint als Jahrzehnt der Vollkommenheit, in dem heute noch gültige Maßstäbe in Architektur, Musik, Mode und Design gesetzt wurden. Im Spielfilm spiegelte sich diese Faszination zunächst in den zahllosen Produktionen, die sich die „Queen Mary" seit ihrer Außerdienststellung 1967 als Schauplatz suchten, für Nostalgie im romantischen Sinne ebenso wie für morbiden Charme. Im Umkehrschluss bedeutet die Verklärung aber auch, dass Reisende von heute diese Faszination auf den Kreuzfahrtschiffen der Gegenwart oftmals vergeblich suchen. Nicht ohne Grund zitieren Shows in den Theatern der Cruise-Liner von heute häufig Musicals aus jener großen Zeit. Die Autorin Brigitte Scherer warf im Mai 2009 in der Frankfurter Allgemeinen Sonntagszeitung einen kritischen Blick auf die moderne Kreuzfahrt und stellte dieser ihre diametral entgegen gesetzte, von nostalgischen Bildern der 30er Jahre geprägte Erwartungshaltung gegenüber: „Für meine Traumschiffträume bedeutete das: Aus der romantischen Grand Tour auf hoher See wurde eine Abenteuerreise zu den Gipfeln und Untiefen des Kreuzfahrtdesigns, einschließlich des in seinen Outfits dazu passenden antithetisch agierenden Publikums. Und meist war nichts so, wie ich es mir vorgestellt hatte." Die Ozeanriesen von heute übertreffen die Liner früherer Zeiten inzwischen um die doppelte bis hin zur dreifachen Größe. Doch erfüllen sie die Sehnsucht des Publikums nicht unbedingt: „Gegen die eleganten Oceanliner-Ladys wirken die Kreuzfahrtschiffe von heute unerfreulich plump, unförmige Wohnburgen mit plattem Hinterteil, wenn sie auch an Backbord auf Außendecks verzichten. Kabinen, nicht Freiflächen bringen Geld." Den Widerspruch zwischen verbreiteten Mythen der Traumschiffe und der Realität des Massentourismus an Bord moderner Mega-Liner karikierte der US-Schriftsteller David Foster Wallace schon 1997 in seiner Reportage „Shipping out – Schrecklich amüsant, aber in Zukunft ohne mich". Diese Satire entstand nach einer Karibikkreuzfahrt des Autors. Der Ozean, die Meeresluft, das Geräusch von Wind und Wellen sind kaum mehr wahrnehmbar auf diesen neuen Schiffen, die mehr Ähnlichkeit mit einem Einkaufszentrum und Indoor-Spielpark zu haben scheinen. Vielmehr kämpft der Reisende gegen klaustrophobische und agoraphobische Anfälle und Beklemmungen, ist damit beschäftigt, den Mitreisenden und dem lauten Programm der Animateure auf dem Sonnendeck aus dem Weg zu gehen. Schiffstester Douglas Ward beurteilt im jährlich erscheinenden Berlitz Cruise Guide deshalb Schiffe auch nach ihrem Angebot an freier Deckfläche, dem Vorhandensein umlaufender Promenaden und der Frage, ob sie dem Reisenden überhaupt noch Gelegenheit bieten, neben dem Kabinenbalkon das Meer und die Luft in Ruhe zu genießen.

Freilich unterliegen die Kritiker der heutigen Kreuzfahrt der Illusion, Reisende früherer Zeiten hätten ihre Passage weit mehr genießen können. John Maxtone-Graham zitiert in seinem Standardwerk „Der Weg über den Atlantik" pointierte Schilderungen von Passagieren der ersten Klasse der „Normandie", denen mit dem Zwang und dem Anspruch zur Kultiviertheit, der zur Schau gestellten Eleganz und Vollkommenheit Selbstzweifel und Minderwertigkeitskomplexe kamen und die nach vier Tagen

Überfahrt das Ende der Reise herbeisehnten. Alfred Hitchcock brachte schon 1932 die erste Satire mit „Rich and Strange“ über falsche Vorstellungen vom Traumschiff in die Kinos. Es blieb über lange Zeit das einzige Werk, das Sinn und Unsinn des Reisens zur See hinterfragte. Auch hinsichtlich der Bedeutung der Seereise herrschen heute verzerrte Vorstellungen. Arnold Kludas lieferte in seinen Bänden zur „Geschichte der deutschen Passagierschifffahrt“ das Datenmaterial, das belegt, dass die Buchungen in den 30er Jahren stagnierten und sogar zurückgingen, diese nur einen Bruchteil der Zahl der Seereisenden umfassten, die heute auf den Weltmeeren unterwegs sind. 1925 beförderten die Reedereien der Nordatlantik-Konferenz bei 1.980 Reisen 345.017 Passagiere der Ersten Klasse und 524.013 Fahrgäste in den übrigen Kabinenkategorien. 1930 reisten bei 2.125 Überfahrten nur noch 293.202 Passagiere im Luxus-Segment über den Nordatlantik. In den günstigeren Kategorien hatten 709.151 Fahrgäste gebucht, ein Trend, der sich in den folgenden Jahren fortsetzte. Tatsächlich waren die großen Liner in der ersten Klasse oft nicht mal zur Hälfte ausgelastet. Weltweit buchten dagegen im Jahr 2008 – dem Jahr vor der Pleite der US-Bank Lehman Brothers und der Finanzkrise - 13,2 Millionen Menschen eine Reise auf Hochseeschiffen, in Deutschland waren es 907.000. Dazu kamen 384.000 Gäste auf Binnen-Kreuzfahrtschiffen. Vielmehr scheint es deshalb, dass die nostalgische Verklärung in den idealisierten Illustrationen und Werbefotos jener Zeit ihren Ursprung hat, der immer wieder neue Generationen verfallen. Filme lieferten einen wesentlichen Beitrag zur verzerrten und einseitigen Wahrnehmung von Seereisen in der Öffentlichkeit. Einen selbstironischen Reisebericht lieferte die Autorin Isadora Tast 2006 im Frauenmagazin Brigitte von Bord des Kreuzfahrtriesen „Costa Fortuna“ getreu dem Motto: „Dem Meer so nah und doch so fern“. Zitat: „In 20 Jahren mit der Serie Traumschiff hat sich mir ein Bild von blank geschrubbten Schiffsbohlen, Schirmchencocktails, Galadiners mit reichen Witwen und

Momenten voller Ruhe und Stille gefestigt. Ein Bild, das soeben von einer riesigen knallgelben, spaghettiartig verschlungenen Wasserrutsche durchkreuzt wird." Und weiter: „Die Costa Fortuna fährt den ganzen Sommer wie ein Linienbus im Kreis durch das westliche Mittelmeer, an jeder Haltstelle steigen Passagiere aus und andere ein."

Seereisen haben den Charakter des Massentourismus angenommen. Auch deshalb fällt der Blick aus mehrfachen Gründen und Perspektiven zurück auf die Zeit der Liner, deren schiffbautechnische Konzeption noch bis in die 70er Jahre bestimmt war von Geschwindigkeit und einem aerodynamischen schnittigen Schiffsrumpf mit geringem Widerstand und weniger vom Primat des rechten Winkels und einer maximalen Zahl an Balkonkabinen für 4000 und mehr Passagiere.

Spielfilme auf Passagierschiffen spiegeln immer auch die Geschichte des Reisens. Nach dem Zweiten Weltkrieg erlebte der Europa-Tourismus schnell einen neuerlichen Boom. Der Farbfilm, der sich durchgesetzt hatte, zwang bei Stoffen zur See ebenso wie das Breitwandverfahren zu mehr Sorgfalt im Umgang mit technischen Details. Für US-Amerikaner erwies sich Europa in den frühen 50er Jahren als vergleichsweise günstiges Reisegebiet. Davon profitierten neben der britischen Cunard-Line besonders die französische Linie CGT und die italienische Reederei Italia. Aber auch die amerikanischen Reedereien sicherten sich Marktanteile, zumal diese schneller auf die Bedürfnisse der Touristen mit neuen Schiffen reagierten. Immer mehr Studenten und Urlauber der Mittelschicht bereisten in den Sommermonaten Europa. Die seit 1951 auf der Route von New York nach Genua verkehrende „Independence" der American Export Line ist in dem Melodram „Die große Liebe meines Lebens" (An Affair to Remember) von 1957 zu sehen. Dieses Remake des Kassenknüllers „Love Affair" (1938) erzählt von einem

Mann (Cary Grant) und einer Frau (Deborah Kerr), die sich während einer Atlantikreise kennenlernen. Um sich ihrer Liebe zu versichern, verabreden sie ein Wiedersehen in sechs Monaten auf der Terrasse des Empire State Building. Jedoch erleidet die Frau an jenem Tag einen Unfall. Das stimmungsvolle Melodram nutzt das Schiff konsequent als Keimzelle für Romantik. Es beeinflusste später wie kein anderer Klassiker die amerikanische TV-Serie „Love Boat". Doch auch für diesen Film wurden viele Dinge wie die Promenade und das Bootsdeck im Studio nachgebaut. Jedoch geschah dies hier in einer proportional maßstabgerechten Weise. So erscheint hier die Montage von realen Aufnahmen und Studioszenen weitaus authentischer als in den Produktionen der 40er Jahre.

Nur selten überhaupt haben Produzenten einen gerade aus dem Verkehr genommen Liner angemietet, 1959 die „Ile de France" für den Katastrophenfilm „Die letzte Fahrt der Claridon" (The Last Voyage) und 1974 die „Hamburg" (Hanseatic III) für den Thriller „18 Stunden bis zur Ewigkeit" (Juggernaut). In diesen beiden Filmen sind viele Details der Inneneinrichtung und der Raumgestaltung der Schiffe zu sehen, so etwa der im Art déco gestaltete Speisesaal der „Ile de France" und dessen berühmte Treppe. „Die letzte Fahrt der Claridon" kann als Muster für alle späteren Katastrophenfilme gelten. Teile wie das Vorschiff und die Schornsteine wurden auf dem zum Abwracken verkauften Liner für den Film mit echten Sprengungen zerstört. In der Handlung führt eine Kesselexplosion zum Untergang. James Cameron ließ sich 1997 für die Dramaturgie seiner Titanic-Version von diesem Streifen inspirieren. „Juggernaut" ist dagegen der erste Film, der vollständig ohne Studioaufnahmen auskam. Die Entschärfung von Bomben auf dem Atlantikliner „Britannic" und die Evakuierung der Passagiere werden durch einen Orkan vereitelt. Der Film besticht durch dramatische Aufnahmen auf hoher See. Die entfesselte Kamera liefert hautnahe Bilder von dokumentarischem Charakter sowohl von außen als auch von innen. Die Produktion entstand kurz bevor die „Hamburg“ 1974 als „Maxim Gorkij“ für die Sowjetunion in Fahrt kam. 1998 verwendete die amerikanische Billigproduktion „Final Voyage“ (Kreuzfahrtschiff auf Todeskurs) viele Szenen aus diesem Film für einen brutalen aber kaum überzeugenden TV-Thriller.

Nur einmal überhaupt huldigte ein Film dem Nimbus einer Reederei. Mit dem Slogan „so fröhlich wie Champagner“ warb RKO 1954 für seine in 3D produzierte Revue „The French Line“. Dieser Film mit Kurvenstar Jane Russell rückte die „Liberté“ – die frühere „Europa“ – in den Mittelpunkt, deren Bordleben unter Amerikanern als besonders frivol galt. Die Atlantiklinie CGT war den Amerikanern ein Synonym für Pariser Flair schlechthin. „Liberté“ war Anfang der 50er Jahre in mehreren US-Filmen zu sehen, so auch in „Sabrina“ 1954 von Billy Wilder. Berühmte Schiffe tauchen oft kurz in Filmen auf, in denen man sie gar nicht vermutet, weil diese nicht auf Schiffen spielen. So die „Aquitania“ 1932 in „Blonde Venus“, die „Normandie“ 1948 in einer Rückblende von „Du lebst noch 105 Minuten“, die „United States“ 1962 in „West Side Story“, die „France“ 1972 in „Das Superhirn”.

Von Geschichten realer Schiffskatastrophen und biographischen Schilderungen Prominenter einmal abgesehen, fanden berühmte Schiffe auch selten Eingang in die Literatur. Sandra Paretti rückte 1977 die 1907 in Fahrt gekommene „Kronprinzessin Cecilie“ des Norddeutschen Lloyd in den Mittelpunkt ihres Romans „Das Zauberschiff“. Beim Ausbruch des Ersten Weltkriegs war der Luxusliner auf der Rückreise nach Europa und hatte Goldbarren im Wert von 40 Millionen Reichsmark an Bord. Der Kapitän entschied deshalb das Rücklaufen nach USA und ankerte mit den Passagieren zunächst vor Bar Harbor. Dieses reale Ereignis bildet den

Ausgangspunkt für ein emotionsgeladenes Beziehungsgeflecht vor dem Hintergrund eines romantisch stilisierten Zeitbildes.

Seitdem die „Queen Mary“ in Long Beach vor den Toren Hollywoods vor Anker liegt, war sie Schauplatz unzähliger Kino- und TV-Produktionen, die oft nur für wenige Sequenzen eine nostalgische Schiffskulisse brauchten. Am bekanntesten wurde der Katastrophenfilm „Poseidon-Inferno” von 1972, in dem der Liner nach einem Seebeben mit anschließender Riesenwelle durchkentert und sich eine Gruppe Überlebender über den Wellentunnel rettet. Es blieb einer der wenigen Filme, die den Zuschauer durch das detailreich gestaltete technische Innenleben eines Schiffes führen. Schon vor ihrer Außerdienststellung wurde der Liner 1965 Drehort für das Abenteuer „Überfall auf die Queen Mary” (Assault on a Queen). Taucher finden vor der US-Küste zufällig ein intaktes deutsches U-Boot inklusive Torpedos und planen damit einen Überfall auf das Schiff. Nach Warnschuss räumen sie den Tresor leer. Auf der Flucht wird das U-Boot jedoch von den Schrauben der Queen zertrümmert. Die Jagd nach Juwelen wurde bis heute eines der beliebtesten Motive für Thriller auf Passagierschiffen, was nicht unbedingt für den Einfallsreichtum der Drehbuchautoren spricht.

Doch gab es immer auch Dramen, die das Schiff im poetischen wie im lyrischen Sinne einzusetzen verstanden, als Symbol für die Unwägbarkeit des Lebens, für die Sinnsuche und die Endlichkeit des Daseins. Warner Brothers verfilmte zweimal das überaus erfolgreiche Bühnenstück „Outward Bound“ von Sutton Vane aus dem Jahr 1923. Unter dem gleichnamigen Titel war der Stoff erstmals 1930 mit Leslie Howard und Douglas Fairbanks junior ein Kino-Hit. Bekannter ist heute das Remake „Between two Worlds“ von 1944 mit John Garfield, Eleanor Parker und Paul Henreid, in welchem die Handlung im Zweiten Weltkrieg angesiedelt ist. Passagieren eines Ozeanriesen dämmert allmählich, dass sie alle Verstorbene sind, die zwischen Diesseits und Jenseits Rückschau auf ihr Leben halten.

In „Reise aus der Vergangenheit" (Now Voyager) wandelt sich Bette Davis 1942 während der Kreuzfahrt von einer frustrierten und von ihrer Mutter drangsalierten Jungfer zu einer attraktiven und parkettsicheren Lebedame. Dieses Drama, das geschickt Erkenntnisse der damals populären Psychoanalyse verarbeitet, zeigt für wenige Sekunden einen der großen Furness-Bermuda-Liner „Monarch of Bermuda" oder „Queen of Bermuda", die 1932 für die Linie von New York zu den Bermudas in Dienst gestellt worden waren. Das Schiff ist hier im doppelten Sinne Transportmittel. Am Ziel der Reise ist die Frau tatsächlich ein neuer, ein anderer Mensch.

Der Ozeanriese kann auch Spiegelbild der Gesellschaft und der politischen Ordnung sein. Der internationale Film brachte Dramen über die Zeit des Faschismus und des Holocaust hervor. Die Geschichte „Das Narrenschiff" projizierte 1964 die Gesellschaftsstruktur der NS-Zeit auf das Bordleben eines deutschen Südamerika-Liners. Das Schiff als letztes Mittel zur Flucht, zunächst Träger aller Hoffnungen, entpuppt sich 1976 in „Reise der Verdammten" als Gefängnis für die 937 jüdischen Flüchtlinge an Bord des Hapag-Liners „St. Louis", dem die USA 1939 das Einlaufen verweigerten.

In den 70er Jahren entdeckte das Fernsehen den Schauplatz Kreuzfahrtschiff, und zwar in diametral entgegengesetzter Weise. Seit 1977 in der amerikanischen Serie „Love Boat" und seit 1981 in der deutschen Reihe „Traumschiff" setzte die romantisierende Restauration von gesellschaftlichen Werten ein. Im deutschen Fernsehen hält diese unverändert an und fand in den letzten Jahren mit den Serien „Traumschiff ins Glück" und „Unter weißen Segeln“ einen neuerlichen Höhepunkt. Das Schiff ist hier Keimzelle, Gefährt und Hort romantischer Liebe, verdichtet Sehnsucht und Fernweh, ist aber auch Quell für Liebeskummer und Herzschmerz. Daneben setzte seit den 70er Jahren eine gegenteilige Funktion des Schiffes in Filmen ein, als Transportmittel des Unheils. Eine ganze Reihe bekannter TV-Kommissare wie Columbo, Quincy und Drei Engel für Charlie absolvierten Ermittlungen auf Karibikkreuzern und machten es zum Träger für Gefahren. Es ist ein Muster, das sich bereits in den 30er Jahren in B-Movies beobachten ließ. Nicht zuletzt die mobil gewordenen Kameras erlaubten es Produzenten nun, komplette Szenen an Bord von Schiffen aufzunehmen. Doch längst hatte sich ein Wandel der Drehbücher vollzogen. Das Schiff war nicht mehr länger Refugium einer abgehobenen unerreichbaren Oberschicht. Die amerikanische Erfindung der standardisierten Sieben-Tage-Kreuzfahrt hatte die Karibik bereits weiten Teilen der Mittelschicht erschlossen. Dabei macht sich in den Drehbüchern jedoch ein erstaunliches Defizit bemerkbar. Anders als in den seit 30 Jahren erfolgreich laufenden Serien des ZDF-Traumschiff nutzte kaum ein Spielfilm – mit Ausnahme der Agatha-Christie-Stoffe „Tod auf dem Nil“ (1978) und „Rendezvous mit einer Leiche“ (1988) – die dramaturgische Chance, die sich durch die Landgänge der Kreuzfahrt ergeben kann – immerhin ja Kern und Ziel einer jeden Schiffsreise. Vielmehr wurde in den jüngeren Filmen das Schiff zum Transportmittel des Unheils, das sich für die Reisenden als gefährliche Falle erweist. Ein frühes Beispiel dafür ist der geschmacklose Horrorfilm „Death Ship” von 1980. Ein mit Leichen von KZ-Opfern beladenes Geisterschiff aus der NS-Zeit rammt und versenkt in der Karibik gezielt große Cruise-Liner, weil sich sein Antrieb aus den Körpern von Schiffsbrüchigen speist. Die Polarisierung von Romantik und Kitsch einerseits sowie Action und Horror andererseits erklärt sich durch die unterschiedlichen Zielgruppen, an die sich diese Filme richten sollten. Auf Werbepausen ausgerichtete TV-

Produktionen hatten entweder Frauen, insbesondere Hausfrauen, als Zielgruppe oder vorrangig Männer.

Wegweisend für Drehbuchautoren wurde 1985 ein reales Ereignis, die Kaperung des italienischen Kreuzfahrtschiffes „Achille Lauro“ durch palästinensische Terroristen. Das Schiff befand sich auf der Fahrt von Alexandria nach Port Said. Die Mehrzahl der 680 Passagiere unternahm einen ausgedehnten Landausflug, während das Schiff zum nächsten Hafen überführt wurde. 80 Passagiere waren mit der Besatzung an Bord geblieben. Dass es nur vier Terroristen gelingen konnte, ein so großes Schiff drei Tage lang in die Gewalt zu bringen, war ein großer Schock für die gesamte Kreuzfahrtbranche. Um ihrer Forderung nach der Freilassung von 50 Gesinnungsgenossen Ausdruck zu verleihen, richteten die Entführer einen gelähmten amerikanischen Touristen durch Kopfschuss hin und ließen ihn durch Besatzungsmitglieder über Bord werfen. Dieses Ereignis, das in den USA als Angriff auf die Nation verstanden wurde, führte 1989 und 1990 zu zwei Spielfilmen. Es beeinflusste aber auch bis zum heutigen Tage Drehbuchschreiber.

Schon seit den 70er Jahren ließ sich in den USA als Phänomen beobachten, dass im Kielwasser von Kinofilmen thematisch identische TV-Produktionen erschienen. Einer dieser ersten ist „Adventures of a Queen” aus dem Jahr 1975 als Duplikat von „Poseidon Inferno”. Ein ähnliches Thema liegt dem auf „Queen Mary“ gedrehten TV-Film – „Goliath“ – zugrunde, in dem zahlreiche Passagiere in dem gesunkenen Wrack eines Atlantikliners mehr als 40 Jahre überlebt haben. Das Schiff war zum Ausbruch des Weltkrieges von einem U-Boot versenkt worden. Die Passagiere überleben in einer Luftblase und reaktivieren die Energieversorgung des Schiffes. Als eine Expedition von Tauchern Jahrzehnte später eintrifft, um nach dem Tresor zu suchen, bricht die bis dahin stabile

Gruppenhierarchie der Überlebenden zusammen. Ende der 90er Jahre führte der Kreuzfahrtboom, aber wohl auch James Camerons Titanic-Film zu zahlreichen skurrileren Drehbüchern des blutigen Action- und Horror-Genres. So werden in „Ghost Ship“ (2002) auf einem der „Andrea Doria“ nachempfundenen Atlantikliner der 50er Jahre die elegant gekleideten Gäste der Bordparty von einer mit Vorsatz überspannten Stahltrosse in Höhe der Gürtellinie halbiert. In „Octalus“ (1997) nistet sich ein Seeungeheuer in den Abwasserrohren eines Mega-Liners ein und saugt Hunderte der Passagiere mit seinen Fangarmen weg, während gleichzeitig Terroristen das Schiff kapern. Spezifische Besonderheiten der modernen Schiffbautechnik rückte Wolfgang Petersen 2005 mit seinem Remake „Poseidon” in den Mittelpunkt. Gäste in Balkonkabinen haben vor der Durchschlagskraft einer Riesenwelle keine Chance. Foyers und Hallen heizen im Sog des Sauerstoffs einen Feuersturm an. Rettung verspricht die Flucht durch die Turbinenschächte der Seitenruder. Die Tücken moderner, computergestützter Bordelektronik lösen in mehreren Filmen eine chaotische Ereigniskette aus: Das Spektakel „Speed 2“ (1997) lässt einen nicht mehr steuerbaren Cruise-Liner in das Hafenbecken einer Karibikinsel krachen. Interessante Aspekte für den Schiffsliebhaber setzten auch deutsche Produktionen. Joseph Vilsmaiers Neuverfilmung der Gustloff-Katastrophe führte etwa vor Augen, wie 1945 das Sicherheitsglas des Promenadendecks zur tödlichen Falle für viele Hundert Schiffbrüchige des Flüchtlingsschiffs wurde, das auf der winterkalten Ostsee von einem U-Boot getroffen worden war. Das Fernsehspiel um die Versenkung der „Lusitania” im Ersten Weltkrieg zeigte 2008, wie die britische Regierung zivile Opfer durch U-Boot-Angriffe gezielt in ihr Kalkül einbezog, um die USA zum Kriegseintritt zu bewegen, den Kapitän des Liners absichtlich täuschte und ihm im Gerichtsverfahren die Schuld am Tod der 1.198 Menschen anhängen wollte.

Von den vielen Traumschiff-Folgen deutscher Fernsehsender einmal abgesehen, gibt es heute selten Stoffe, die eine Seereise im Happy End vollenden, wie etwa die originelle Romanze „Mädchen über Bord", die 2005 als erster Gegenwartsfilm ein Blick hinter die Kulissen der „AIDAcara" warf und auch einmal das Bordleben von Besatzungsmitgliedern vor Augen führte. Mörder, Betrüger, Attentäter, Viren, Ungetüme und Geister bringen den modernen Kreuzfahrttouristen in jüngster Zeit in Schwierigkeiten. Der Trend zum pauschalen Massentourismus auf See geht einher mit Drehbüchern für billig produzierte TV-Filme, in denen in vorhersehbarer Ereigniskette Terroristen ein Blutbad anrichten. Das Kreuzfahrtschiff tritt auf als Gefährt des Todes. So spiegelt die Filmgeschichte den Wertewandel im Tourismus zur See vom einstigen Luxus für Wenige hin zum Spektakel für die Massen wider. Bisweilen übertrifft die Realität die Fiktion. Wie in einem schlechten Film lief am 13. Januar 2012 die Havarie des italienischen Kreuzfahrtschiffes „Costa Concordia" vor der Insel Giglio im Mittelmeer ab. 30 Menschen starben, zwei weitere wurden vermisst, nachdem der mit 3.229 Passagieren und 1.023 Besatzungsmitgliedern besetzte Riedendampfer als Folge eines Navigationsfehlers auf einen Felsen aufgelaufen war und kenterte. Der Unfall und die Evakuierung warfen Fragen nach der Sicherheit der neuen Schiffe, ihrer Stabilität und Raumkonzeption auf, nach der Moral und Kompetenz der Besatzungen und versetzten dem Image der Kreuzfahrt einen Dämpfer. Mehr denn je rückte der Charakter des Massentourismus bei Reisen zur See in das Bewusstsein und ließ dessen inflationäre Tendenz zu Tage treten. Der Nimbus des Besonderen ist seitdem dahin, zumal Seereisen mittlerweile auch von Discountern verramscht werden. Es war längst nicht das einzige Unglück dieser Art. Im April 2007 war das Kreuzfahrtschiff „Sea Diamond" vor Santorin auf einen Felsen gelaufen und gesunken. Es kam zu dramatischen Rettungsaktionen. Von den 1.167 Passagieren und 391 Besatzungsmitgliedern kamen zwei ums Leben. Meldungen über Massenerkrankungen mit Noro-Viren, über Totalausfälle von Antrieb, Wasser- und Stromversorgung auf offenem Meer zählten in den letzten Jahren zu den Standardnachrichten aus der Welt des Seereisens. Die Kreuzfahrt umflort allmählich der Ruf der Butterfahrt. Die Aura des Luxus schwindet dahin.

Vor dem Desaster von Giglio waren die Schwesterschiffe „Costa Concordia" und „Costa Atlantica" Schauplatz für zwei französische Spielfilme, einmal für eine Komödie und einmal für ein metaphorisches Gleichnis. Auch diese setzen beide noch auf die Prämisse, die Kreuzfahrt sei touristische Königsdisziplin. Doch da inzwischen jährlich Millionen Urlauber Seereisen auf Schiffen buchen, zielt der Effekt dieser Produktionen zunehmend ins Leere. Der Kanon an Stoffen und Geschichten zur See scheint ausgereizt.

Teil II: Beispiele – Der Wertewandel der Seereise im Film

Aufgeführt werden Filme, die überwiegend oder auch nur zu einem geringeren Teil auf Passagier- und Kreuzfahrtschiffen sowie Fähren spielen, die für ihre Epoche typisch sind, die stilbildend wirkten, das Bild von der Seereise spiegeln oder ein Passagierschiff in Originalaufnahmen zeigen. Weitgehend unberücksichtigt bleiben Filme, die auf Binnengewässern oder Flüssen spielen, in denen die Handlung auf Seglern oder Schiffen der Kriegsmarine angesiedelt ist. Die Identifizierung von Passagier- und Kreuzfahrtschiffen erfolgt – soweit dies möglich erscheint – auf Grundlage des seit 1973 geführten Illustrierten Schiffsregisters von Arnold Kludas, „Die großen Passagierschiffe der Welt". Die Angaben zu Stab und Besetzung der Spielfilme folgen denen der Hersteller der jeweiligen DVD oder orientieren sich an denen der Filmdatenbanken der führenden Lexika.

In Nacht und Eis D 1912. Doku-Drama über den Untergang der Titanic. Von der Einschiffung über das Bordleben bis hin zur Kollision wird hier der Ablauf der schicksalhaften Reise geschildert. Viele Szenen entstanden an Bord des Hapag-Liners „Kaiserin Auguste Victoria", die von 1906 bis 1907 größtes Schiff der Welt gewesen war. Auch die Vierschornsteiner „Deutschland" und „Kronprinzessin Cecilie" sind im Bild. Dieser Film ist in vielerlei Hinsicht zeittypisch, da er in Form einer Dokumentation Ereignisse nachstellt. Ebenso wird das Verfahren der Colorierung und Einfärbung genutzt, um Stimmungen und Tageszeiten deutlich zu machen. Spielszenen aus dem „Cafe Parisienne" sind gelb gefärbt, aus dem Kesselraum rot und von der Kollision blau. Der Untergang wird mit einem Modellschiff umgesetzt. So sind in diesem Film alle Stilmittel und Möglichkeiten der Montage bereits genutzt worden. Der Untergang der „Titanic“ ist das mit Abstand meistverfilmte Schiffsunglück, während andere, ähnlich schwere Katastrophen zur See in der Filmgeschichte unberücksichtigt blieben. Dies mag an der metaphorischen, gleichnishaften Ausdeutung liegen, die das Ereignis ermöglicht. Weil die Titanic gleichsam die Gesellschaftsordnung jener Zeit abbildet und wie ein Fanal die Vergeblichkeit allen menschlichen Strebens nach Reichtum und Ansehen vor Augen führt, inspirierte es jede Generation immer wieder neu. Produktion: Continental Film Studios Berlin. Mit Waldemar Hecker, Otto Rippert, Ernst Ruckert. Länge 35 Minuten.

The Immigrant USA 1917. Charles Chaplin persiflierte in diesem kurzen Spielfilm die Umstände von Immigranten auf einem Auswandererschiff, die buchstäblich einen Überlebenskampf gegen den Hunger führen. Immerhin lernt der Tramp dabei die Liebe seines Lebens kennen. Wie immer bei Chaplin geht die groteske Komik mit rührender Sozialkritik einher. Zu Beginn ist ein Zweischornsteiner im Bild, ein kleinerer Passagierdampfer, wie er für den Auswandererverkehr auf dem Nordatlantik vor dem Ersten Weltkrieg und auch noch danach üblich war. Es dürfte sich hierbei um einen der Cunard-Liner der A-Klasse handeln, „Andania“ oder „Alaunia“, die 1913 vom Stapel liefen und für den Auswandererverkehr von Liverpool nach Kanada in Fahrt kamen. Die an Bord spielenden Szenen entstanden auf einem Schiff und nicht im Studio. Es dürfte sich dabei aber um einen kleinen Kahn handeln. Die soziale Wirklichkeit der Auswanderung war im amerikanischen Film später kein bevorzugtes Thema mehr. Erst italienische Regisseure sollten gegen Ende des 20. Jahrhunderts daraus realitätsnahe Stoffe von epischer Breite entwickeln. Produktion: Mutual Film Corporation. Mit Charles Chaplin, Edna Purviance, Eric Campbell, Albert Austin, Henry Bergman. Länge 24 Minuten.

The Gold Rush (Goldrausch) USA 1924. Chaplins berühmtes Abenteuer des kleinen Vagabunden, der in Alaska zu Zeiten des Goldrauschs sein Glück sucht und es schließlich findet, endet mit seiner Abreise auf einem Ozeanriesen im Hafen von New York. Der zu Reichtum und Liebe gelangte Tramp schifft sich mit seinem Mädchen ein. Gerade noch den zerlumpten Trappermantel an, muss er sich erst noch an die vornehme steife Welt gewöhnen, die ihm offenkundig nicht behagt. Dieser Schluss - der gleichzeitig Aufbruch ist - war ein durchaus boshafter Seitenhieb auf amerikanische Wertvorstellungen. Die Reise nach Europa galt gerade bei den Neureichen als das Statussymbol schlechthin. Der Goldrausch führt ohne Umweg direkt auf den Luxusdampfer. Auch wenn kein wirklicher Schiffsfilm, so doch der erste große Filmklassiker, der die Symbolkraft der Europa-Reise persifliert und damit Vorbild für spätere Drehbücher war. Die Szenen auf dem Schiff spielen auf den Außendecks des Hecks. Es könnte sich um die „Berengaria“ von Cunard handeln, die 1913 als „Imperator“ für die Hamburger Hapag in Fahrt gekommen war. Produktion: United Artists. Regie: Charles Chaplin. Mit Chaplin, Georgia Hale, Mack Swain, Tom Murray. Länge 78 Minuten.

The Navigator (Der Navigator) USA 1924. Ein nichtsnutziger Millionärssohn und seine Verlobte finden sich durch einen dummen Zufall allein auf einem großen Schiff auf dem Meer wieder und müssen nun erstmals beide ihr Leben mit dem Steuerrad buchstäblich selbst in Hand nehmen. Klassische Stummfilmkomödie als Parabel aus dem Jahr 1924 von und mit Buster Keaton. Mit Kathryn McGuire. Länge 59 Minuten.

A Ship Comes in (Die neue Heimat) USA 1928. Drama um Immigranten und ihr Schicksal nach der Ankunft in New York, geschildert am Beispiel einer Familie von ihrer Einreise in Ellis Island, über ihre Träume von und ihrer Liebe zu den Vereinigten Staaten. Louise Dresser erhielt die Oscar-

Nominierung als beste Hauptdarstellerin. Allerdings sieht man hier überhaupt kein Schiff, keinen Hafen und auch Ellis Island nicht. Als Zuschauer hat man etwas Mühe, am Anfang überhaupt zu verstehen, um was es hier geht. Das aufmerksame Lesen der Zwischentitel ist deshalb unverzichtbar. Produktion: DeMille Pictures Corporation. Regie: William K. Howard. Mit Louise Dresser, Rudolph Schildkraut, Milton, Holmes, Linda Landi, Fritz Feld. Länge 70 Minuten.

Gentlemen Prefer Blondes USA 1928. Die Drehbuchautorin Anita Loos schrieb 1925 die Romanvorlage, die 1926 auch als Komödie am Broadway erschien. Gold-Diggers (Goldgräber) nannte man im New York der 20er Jahre die Mädchen, die sich Millionären an die Fersen heften. Lorelei Lee und ihre Freundin Dorothy schiffen sich mit eben diesem Ziel auf einem Luxusdampfer nach Europa ein. Das Schiff ist hier im doppelten Sinne Vehikel in die Welt des Luxus. Nachdem der Roman 1949 auch als Musical auf die Bühne kam, verfilmte die Fox denselben Stoff später mit Marilyn Monroe erneut. Produktion: Paramount. Regie: Malcolm St. Clair. Mit Ruth Taylor, Alice White, Ford Sterling, Holmes Herbert, Emily Fitzroy, Mack Swain, Trixi Friganza, Chester Conklin. Länge 75 Minuten. Verschollen. Weder Urnegativ noch Kopien existieren.

Just Married USA 1928. Im selben Jahr brachte Paramount noch eine zweite ganz ähnliche stumme Komödie heraus - ebenfalls wieder mit Ruth Taylor. Zwei Models aus der Modewelt verlieben sich während einer Transatlantikreise in Richtung Westen, also auf dem Weg von Europa nach Amerika in denselben Mann. Produktion: Paramount. Regie: Frank Strayer. Mit Lila Lee, James Hall, Ruth Taylor, Harrison Ford, William Austin.

Das Schiff der verlorenen Menschen D/F 1929. Eine Ozeanfliegerin muss auf dem Meer notwassern und wird von der Besatzung eines Frachtseglers aufgenommen. Bald jedoch werden die Männer zur Bedrohung für die Frau. Rettung naht für sie erst durch einen gewaltigen Luxusdampfer. Tricktechnisch aufwendiger Abenteuerfilm, der schon im Vorfeld der Produktion Aufsehen erregte. „Außerordentlich der Aufwand. Draußen in der Staakener Halle stand die 1:1-Kopie des Gaffelschoners, 30 Meter hoch daneben reckte sich die Bordwand des Ozeanriesen, in der Ecke stand er als 12-Meter-Modell, wie Glühwürmer-Bataillone leuchteten die Kabinenfenster durch das Halbdunkel des Ateliers." (Berliner Tageblatt vom 22. September 1929 in der Beilage Lichtspiel-Rundschau). Dieser Film thematisiert das damals aktuelle Thema Frauen in der Luftfahrt und kombiniert es mit der Herausforderung des Transatlantikfluges. Emanzipierte junge Mädchen lieferten als Flugpionierinnen weltweit Schlagzeilen. Einer der ersten Filme, der auch die sich anbahnende Konkurrenz des Flugzeugs zum Linienschiff vorwegnahm. Der sich hier imposant in das Bild schiebende Riesendampfer ist von der Silhouette her den im Produktionsjahr gebauten Expresslinern „Bremen" und „Europa" nachempfunden. Fotografisch und filmtechnisch ist Regisseur Tourneur eine beeindruckende, auf Helldunkel setzende, dokumentarisch echt wirkende Umsetzung gelungen. Produktion: Max Glaß. Regie: Maurice Tourneur. Mit Marlene Dietrich, Fritz Kortner, Robin Irvine, Gaston Modot, Wladimir Sokoloff. Länge 93 Minuten. In USA als VHS-Video erhältlich.

Atlantic UK 1929. Sehr frei in Anlehnung an den Untergang der „Titanic" gedrehter Tonfilm, über den das Lexikon des internationalen Films urteilt: „Ein in den Sensationsszenen und seinem ausgespielten Pathos veraltetes Katastrophendrama." Die tricktechnischen Aufnahmen mit einem Modellschiff sind im Vergleich mit den späteren Titanic-Filmen der 40er und 50er Jahre allerdings recht passabel. Szenen aus dem Maschinenraum und auf dem Bootsdeck sind realistisch und offensichtlich zum Teil auf einem richtigen Passagierschiff entstanden. Denn die lange Reihe der Rettungsboote und die technische Konstruktion ihrer Aufhängung deuten auf ein moderneres Schiff der 20er Jahre hin. Dieser frühe britische „Talkie" entstand in drei Fassungen, darunter auch in einer deutschsprachigen in der Produktion von BIP mit Berliner Stars in den Elstree-Studios von London. Er gilt deshalb offiziell nicht als erster deutscher Tonfilm. Filmhistorisch setzte Regisseur Dupont mit Atlantic dennoch Maßstäbe durch den dramatischen Einsatz von Geräuschen. „Erstaunliches leistet die Regie aber in der Komposition bewegter Geräusch- und Bildsymphonien. Heulende Sirenen, jagende Menschen, schreiende Passagiere, mannigfache Signale und Kommandos. Die Geräusche schwellen an und ab, dramatische Pausen als kontrastierende Einschnitte." Produktion: British International Pictures. Regie: Ewald Andre Dupont. Mir Fritz Kortner, Elsa Wagner, Heinrich Schroth, Lucie Mannheim, Julia Serda, Elfriede Borodin, Willi Forst. Uraufführung am 28. Oktober 1929. Länge 90 Minuten.

Wenn Du einmal Dein Herz verschenkst D 1929. Für diesen ungewöhnlichen Abenteuerfilm um eine blinde Passagierin auf dem Weg von Borneo nach Hamburg, die schließlich entdeckt wird und sich nützlich machen muss, charterte die Ufa einen Bananendampfer und schickte das komplette Filmteam für mehrere Wochen nach Gran Canaria und Madeira auf die Reise. Die Dreharbeiten wurden behindert durch einen heftigen Sturm in der Biscaya, Seekrankheit, Haie und Verdacht auf Gelbfieber. Diese stumme Produktion wurde nachträglich mit Musik und Geräusch unterlegt. Nach Einführung des Tonfilms zwangen die zunächst sperrigen und immobilen Apparaturen die Teams zurück in die Studios. Produktionen wie diese, mit einer entfesselten Kamera, waren für mehrere Jahre nicht mehr möglich. Produktion: Ufa. Regie: Johannes Guter. Mit Lilian Harvey, Igo Sym, Harry Halm, Valeria Blanka.

Wild Orchids (Wilde Orchideen) USA 1929. Exotisches Melodram um eine von ihrem wesentlich älteren Ehemann unbefriedigt gelassene Frau, die sich während der Reise nach Java auf dem Ozeandampfer in einen attraktiven Mann verliebt. Dieser erweist sich jedoch als Sadist, der seinen Diener peitscht. Nach dem erotischen Roman „Heat" von John Colton inszenierter Film, der Greta Garbo im Widerstreit zwischen Verlangen und Vernunft in den Mittelpunkt rückt. Eine längere Sequenz spielt auf dem Überseedampfer, die mehrere Schlüsselszenen der Geschichte enthält. So deuten die getrennten Betten in der Kabine der Eheleute auf ihr passives Sexualleben hin, Traumsequenzen zeigen Greta Garbo in ihrem Verhältnis zu dem Liebhaber, den sie an Bord kennenlernt, von dessen Sadismus sie sich ebenso hingezogen wie abgestoßen fühlt. Das Schiff erweist sich hier als Transportmittel in die Welt der unbefriedigten Sehnsüchte. Die Promenade in der Nacht, der Ballsaal und das gesellschaftliche Leben liefern die Stimmung, in der Greta Garbo all ihre Hemmungen allmählich abwirft. Interessant ist auch die Funktion, die dem Kabinenkorridor hier zugeschrieben wird, als eine Sackgasse, aus der es keinen Ausweg gibt - allerhöchstens Flucht und Umkehr. Produktion: MGM. Regie: Sidney Franklin. Mit Greta Garbo, Nils Asther, Lewis Stone. Länge 102 Minuten.

Outward Bound USA 1930. Nach dem gleichnamigen, 1923 von Sutton Vane geschriebenen, Bühnenknüller inszeniertes Melodram um eine Gruppe Reisender, die auf dem Ozeandampfer realisieren, dass sie Verstorbene sind, die in einer Art Zwischenwelt Rückschau auf ihr Leben halten. Der Film zeigt einen Dreischornsteiner als Modellschiff in Trickaufnahme. Dieser frühe Tonfilm ist sehr der Vorlage verhaftet und setzt die Geschichte kaum in kinematographische Ideen um. In den Dialogen sehr langatmig, wirkt er eher wie ein gefilmtes Theaterstück. Produktion Warner Brothers. Regie: Robert Milton. Mit Leslie Howard, Douglas Fairbanks jr., Helen Chandler, Beryl Mercer. Länge 83 Minuten.

Feet First (Der Traumtänzer) USA 1930. Groteske mit dem Komiker Harold Lloyd als Tonfilm nach dem Muster seines stummen Welterfolgs Ausgerechnet Wolkenkratzer (Safty Last) inszeniert. Als Schuhverkäufer und Hochstapler stolpert er mit halsbrecherischer Akrobatik von einem Fettnäpfchen ins andere und landet als sich vermögend gebender Verehrer auch auf einem Luxusdampfer. Mit der gedankenlosen Floskel „Ihre Fessel ist viel zu schön, um von einem engen Vamp-Pumps verunstaltet zu werden", entlarvt er sich vor der im Deckstuhl ruhenden Millionärin als der einfache Verkäufer, der ihr wenige Tage zuvor erst im Schuhgeschäft zur Anprobe gegenüber gesessen hat. Beeindruckend: das Postflugzeug, das mit einem Katapult von Bord abgeschossen wird. Der Film entstand in Teilen auf dem Turbinenschiff „Malolo" der Matson Navigation Company San Francisco. Der große, schnelle Liner verkehrte seit 1927 im Liniendienst nach Honolulu und beförderte 693 Passagiere in nur einer Klasse. Als „Queen Frederica" war die „Malolo" noch in den 70er Jahren als Kreuzfahrtschiff der Reederei Chandris aus Piräus im Dienst. Produktion: Harold Lloyd. Regie: Clyde Bruckman. Mit Harold Lloyd, Barbara Kent, Robert McWade. Länge der Originalfassung 93 Minuten.

The Sap from Syracuse (The Sap from Abroad) USA 1930. Tochter aus reichem Hause verliebt sich auf Transatlantikreise in einen Heizer, der für einen bekannten Ingenieur gehalten wird. Produktion: Paramount. Regie: A. Edward Sutherland. Mit Ginger Rogers, Jack Oakie. Länge 68 Minuten.

Monkey Business (Die Marx-Brothers auf See) USA 1931. Als blinde Passagiere ignorieren die Marx Brothers auf einem Ozeanriesen alle Benimm-Regeln, foppen die Besatzung und machen die folgenreiche Bekanntschaft mit der Braut eines Gangsters. Der Standesdünkel der amerikanischen Oberklasse wird durch den Kakao gezogen. Nach einer tatsächlichen Transatlantikreise waren die Marx Brothers auf die Idee zu diesem Stoff gekommen. Alle typischen Schauplätze, die ein großes Schiff bietet, werden für diese an Gags reiche Komödie wirkungsvoll ins Bild gesetzt. Bei dem für wenige Augenblicke gezeigten Zweischornsteiner handelt es sich um den französischen Transatlantikdampfer „De Grasse", der 1924 auf der Route nach New York in Fahrt kam. Der Liner hat eine charakteristische Silhouette durch die vergleichsweise nah beieinander stehenden Schlote. Das Schiff blieb nach dem Zweiten Weltkrieg eines der wichtigsten und profitabelsten Schiffe der französischen C.G.T auf der Linie nach USA. Von 1952 an war es auf der Route von Le Havre in die Karibik im Dienst. 1960 wurde die „De Grasse" in Italien zu einem Kreuzfahrtschiff umgebaut. Es lief 1962 bei Cannes auf einen Felsen auf und wurde später an Ort und Stelle abgebrochen. Produktion: Paramount. Regie: Norman Z. McLeod. Mit Groucho Marx, Harpo Marx, Chico Marx, Zeppo Marx, Thelma Todd. Länge 75 Minuten.

One Way Passage (Reise ohne Wiederkehr) USA 1932. Klassisches Hollywood-Melodram voll atmosphärischer Dichte und exotischer Stimmung. Ein zum Tode verurteilter Amerikaner und eine sterbenskranke Frau verlieben sich auf einem Pazifikliner auf der Fahrt von Hong Kong nach San Francisco ineinander. Beide schöpfen schließlich neuen Lebensmut und hoffen ihrem Ende entgehen zu können. Sie hofft auf Heilung, er auf Begnadigung. Der Wunsch erfüllt sich nicht. Der Film spielt nahezu ausschließlich auf dem Schiff. Dennoch eine Studioproduktion, die in dokumentarischer Aufnahme einen kleineren Kombifrachter zeigt.

Die Seereise als Symbol für die Erfüllung aller Träume aber auch für die Unausweichlichkeit des Schicksals. Produktion: Warner Brothers. Regie: Tay Garnett. Mit William Powell, Kay Francis, Frank Mc Hugh, Aline McMahon. Länge 70 Minuten.

No More Orchids USA 1932. Eine verwöhnte Erbin verhindert die pünktliche Abfahrt des Ozeanriesen. Ein wenig vermögender Mann mokiert sich über dieses Verhalten gegenüber einer alten Schachtel, die sich als Großmutter der Erbin erweist. Die reiche Enkelin, die eigentlich einen Prinzen heiraten soll, und der Habenichts kommen sich während der Seereise näher. Diese frühe Traumschiffromanze - als Studiofilm hergestellt – spielt nicht durchgehend auf dem Dampfer, variiert aber das Bild des Ozeanriesen als Heiratsmarkt und Spiegel für Klassengegensätze. Der Liebhaber hat nicht einmal genug Geld, der Angebeteten eine Orchidee zu kaufen. Produktion: Columbia. Regie: Walter Lang. Mit Carole Lombard, Lyle Talbot, Louise Closser Hale, Walter Connolly. Länge 71 Minuten.

Blonde Venus USA 1932. Für effektvolle Fotografie und Montage gerühmtes Melodram des Regie- und Kamera-Genies Josef von Sternberg. Blonde Venus ist kein Schiffsfilm, zeigt aber als einer der ganz wenigen Hollywoodfilme der 30er Jahre einen der klassischen Atlantikliner in Originalaufnahmen. Im Studio nachgestellte Abreise- und Ankunftsszenen mit jubelnden und vor Glück weinenden Menschen auf der Promenade sind geschickt mit dokumentarischen Bildern der in New York einlaufenden „Aquitania“ der Cunard Line geschnitten. Wir sehen die Bugwelle mit Steven, das von den Schrauben aufgewirbelte Kielwasser, das Ruder und die gigantische Brückenfront des Liners aus der Froschperspektive. In der Filmhandlung soll das Schiff aus Deutschland kommen. Britische Ozeanriesen liefen in jenen Jahren deutsche Häfen aber gar nicht an.

Die Masse des Publikums dürfte den Fehler nicht bemerkt haben. Dieser Schiffsszene kommt eine Schlüsselrolle zu. Denn die Handlung spiegelt diametral entgegengesetzt die unterschiedlichen Moralvorstellungen diesseits und jenseits des Atlantiks wider. Mehrfach wechselt der Schauplatz. Während in Europa Freikörperkultur an Badeseen gepflegt wird und Frauen Männeranzüge tragen, darf im prüden Amerika ein Ehemann seine Frau verhaften und ihr das gemeinsame Kind wegnehmen lassen, weil sie von einem Playboy Geld genommen hat, das für die Operation des eigenen erkrankten Ehemanns bestimmt war. Ein Drama über transatlantische Gegensätze im Dienst der Emanzipation. Die 1914 auf der Route Southampton - New York von der britischen Cunard Line in Fahrt gebrachte „Aquitania" war eine größere Version der Turbinenschiffe „Lusitania" und „Mauretania", die seit 1907 die schnellsten Schiffe der Welt waren und das Blaue Band hielten. „Aquitania" konkurrierte als Vierschornsteiner in Größe, Komfort und Luxus direkt mit der „Olympic", „Titanic" und „Britannic" der White Star Line. Sie sah diesen zum Verwechseln ähnlich, beeindruckte jedoch durch eine weitaus großzügigere, auf Perspektiven, Raumhöhe und Sichtachsen setzende Innenarchitektur in der Ersten Klasse. Damit war sie vom Raumkonzept her dem in Deutschland gebauten Trio „Imperator", „Vaterland" und „Bismarck" näher und sicherte die Wettbewerbsfähigkeit von Cunard auf der Route nach New-York. „Aquitania" blieb bis in die 30er Jahre ein Spitzenschiff und war noch nach dem Zweiten Weltkrieg als einziger Vierschornsteiner auf der Route nach Kanada unterwegs. Produktion: Paramount. Regie Josef von Sternberg. Mit Marlene Dietrich, Cary Grant, Herbert Marshall. Länge des Originals 97 Minuten. Um den ersten Akt gekürzte deutsche Fassung 85 Minuten.

Rich and Strange (Endlich sind wir reich) UK 1932. Ein junges englisches Paar aus schlichten Verhältnissen macht eine Erbschaft und bucht eine Seereise nach Fernost. Doch auf dem Luxusdampfer müssen sie die Erfahrung machen, dass Geld allein noch keine Eintrittskarte in die Welt der gehobenen Klassen darstellt. Die Rituale und Wertvorstellungen der Reichen erscheinen ihnen eigenartig, sich anbahnende Romanzen zu Mitreisenden befriedigen ihre Sehnsucht nicht. In diesem frühen Film von Alfred Hitchcock – der als satirische Komödie angelegt ist – stellt das Schiff nicht nur das Spiegelbild der undurchdringlichen britischen Klassengesellschaft dar. Die Reise stellt die jungen Leute auch vor unvorhergesehene Strapazen, von der Seekrankheit angefangen bis hin zu albernen Bordspielen mit überkandidelten Passagieren. Die ersehnte Romantik und Freiheit stellt sich nicht ein. An Bord ergeben sich neue Zwänge und Abhängigkeiten. Unterstrichen wird diese Intention durch ironische Zwischentitel. Auf der Rückreise kollidiert ihr Schiff mit einem Frachter und sinkt. Ein Stahlrohr blockiert dabei die Kabinentür des Paares. Sie sind schließlich die letzten Passagiere an Bord und buchstäblich von aller Welt verlassen. Somit wird ihre Isolation im doppelten Sinne deutlich. Chinesische Wrackräuber entern das Schiff und den beiden gelingt die Rettung, kurz bevor der Dampfer sinkt. Dieser Film ist eine Persiflage auch über das Reisen an sich und stellt die Idealisierung des Urlaubs als erstrebenswertes Ziel der Wohlstandsbürger in Frage. Das damalige Massenpublikum, das sich niemals eine solche Reise leisten konnte, dürfte sich in dem jungen Paar dankbar wiedererkannt haben. Damit folgt Alfred Hitchcocks Film einem sicheren Erfolgsmuster. Es greift ersehnte Träume auf, die in der Realität nur enttäuscht werden können. Bei dem für wenige Sekunden eingeblendeten Dreischornsteiner handelt es sich um die „Naldera“ oder um die „Narkunda“. Diese beiden Schwesterschiffe der P&O Line liefen 1914 vom Stapel und standen 1932 im Dienst von London nach Ostasien. Es handelte sich dabei auf dieser Route um ausgesprochene Luxusliner, die 426 Passagiere der ersten aber nur 247 Passagiere der zweiten Klasse beförderten. Produktion: BIP. Regie: Alfred Hitchcock. Mit Joan Barry und Henry Kendall, Percy Marmont, Betty Amann. Länge 83 Minuten. In Filmdatenbanken angegebene Originallänge 92 Minuten.

Terror Aboard USA 1933. Auf der Passagierliste eines Kreuzfahrtschiffes befindet sich auch der Name eines berüchtigten Mörders. So genanntes B-Movie in einfachen Studiokulissen mit einer Story aus Groschenromanheften. Produktion: Paramount/William Le Baron. Regie: Paul Sloane. Mit Charles Ruggles, Neil Hamilton, Veree Teasdale.

Luxury Liner USA 1933. Dreiecksgeschichte zwischen einem Ehepaar und dem Liebhaber der Frau, die ihren dramatischen Höhepunkt auf dem Luxusdampfer erreicht, nachdem ein Mord geschieht. Typische Produktion aus der so genannten Pre-Code-Ära. Bis zur Verschärfung der Zensurbestimmungen zur Jahresmitte 1934 waren Stoffe über Ehebruch in gehobenen gesellschaftlichen Kreisen beliebt. Das Schiff setzt hier mit seiner Kulisse den notwendigen Kontrast zwischen dem Lebensstandard der Wohlhabenden und ihrer sittlichen Verderbtheit. Produktion: Paramount. Regie: Lothar Mendes. Mit George Brent, Zita Johann, Frank Morgan, Vivienne Osborne.

We're not Dressing (Schiffbruch unter Palmen) USA 1934. Die Etikette der Millionäre auf See nimmt auch dieses witzige Musical auf die Schippe. Eine mondäne Partygesellschaft der oberen Zehntausend fährt mit ihrer privaten Luxusyacht auf ein Riff auf. Nachdem das Schiff gesunken ist, können die Passagiere buchstäblich nur ihr nacktes Leben auf den Strand einer Insel retten. Auf diesen Umstand bezieht sich der Witz des Originaltitels. Einzig der Geschicklichkeit eines gesellschaftlich deklassierten Matrosen verdanken sie schließlich ihre Rettung. Fazit des Films: Ohne seinen Abendanzug ist der Millionär ein Nichts. Produktion: Paramount. Regie: Norman Taurog. Mit Bing Crosby, Carole Lombard, Ethel Merman, Leon Errol, George Burns, Gracie Allen. Länge 65 Minuten. Original 75 Minuten.

Transatlantic-Merry-go-round USA 1934. In fantastisch gestalteten Sets im Stil des Art déco spielt dieses kriminalistische Musical. Während der Transatlantikreise auf einem Ozeanriesen wird ein amerikanischer Gangster ermordet. Eine ganze Anzahl von Passagieren hätte ein Motiv. Wie kein anderer Film ließ sich dieser Streifen vom stilbildenden Design des französischen Luxusliners „Ile-de-France" inspirieren. Obwohl eine reine Studioproduktion, sind hier schöne Dokumentaraufnahmen des berühmten Schiffes verwendet worden. Besonders prägnant ist die Szene, die im Hallenbad spielt. Das Design von Mosaiken und metallischen, runden Säulen sowie die Verwendung von Statuen orientieren sich am zeitlosen Geschmack der dekorativen Kunst. Ein besonderer Effekt sind die mit Lichtschablonen auf Objekte projizierten Fischschwärme. Der Film erzeugt Flair durch geschickte Kombination von Interieurs, Licht, Musik und Gesang. Die „Ile de France" kam 1927 auf der Route nach New York in Fahrt und setzte hinsichtlich der Raumausstattung und des Innendesigns weltweit einen neuen Maßstab. Die Spitze der französischen Innenarchitekten war mit der Ausführung beauftragt gewesen. Das Schiff war Ausdruck französischen Nationalstolzes und sollte Aushängeschild für die Leistungsfähigkeit der gewerblichen Wirtschaft Frankreichs, der Kunst und Kultur des Landes sein. Der gleiche Anspruch an den eleganten Stil des Art déco galt für die französischen Passagierschiffe „L'Atlantique" von 1931 und „Normandie" von 1935. „Ile de France" blieb bis Ende 1958 als Luxusliner im Nordatlantikverkehr und wurde 1959 abgewrackt. Produktion: Reliance. Regie: Benjamin Stoloff. Buch: Leon

Gordon. Mit Gene Raymond, Nancy Carroll, Jack Benny, Sydney Howard, Mitzi Green, Boswell-Sisters, Sid Silvers. Länge 90 Minuten.

Mystery Liner (Das mysteriöse Schiff) USA 1934. Nach dem Roman von Edgar Wallace inszeniertes B-Movie. Spione schleichen sich an Bord eines Dampfers, auf dem eine neue Erfindung zur Fernsteuerung von Land aus getestet werden soll. Der Regie fällt es nicht unbedingt leicht, dem Zuschauer über die Gesamtlänge des Films plausibel zu machen, dass sich die Personen, die da unentwegt reden, auf einem Schiff befinden sollen. Nach den ersten Szenen sieht man kurz einen Dampfer, der aus dem Hafen ausläuft. Produktion: Monogram Pictures. Regie: William Nigh. Mit Noah Beery, Astrid Allwyn, Edwin Maxwell, Gustav von Seyffertitz, Ralph Lewis, Cornelius Keefe, Zeffie Tilbury. Länge 62 Minuten.

L'Atalante F 1934. Schiffsfilme spielen nicht nur auf See, sondern auch auf Binnengewässern. Dieses ist der berühmteste, ein Filmklassiker, der auf kaum einer Bestenliste zur Filmgeschichte fehlt. Ein jung verheiratetes Paar ist mit dem Flussdampfer „Atalante" unterwegs. Die junge Frau jedoch teilt nicht die Begeisterung ihres Mannes für die Binnenschifffahrt und träumt vom Stadtleben in Paris. Nach vorübergehender Trennung finden die beiden am Ende auf den Wasserstraßen wieder zueinander. Der Film besticht durch eine mal surreal, mal impressionistisch bis naturalistisch erscheinende Fotografie. Für einen Tonfilm jener Zeit ungewöhnlich sind die Unterwasseraufnahmen. Flüsse und Kanäle sind hier Synonym für den Lauf des Lebens schlechthin, das Schiff, der einzig sichere und stabile Ort für die Liebe. Die realistische Bildgestaltung verhilft der Geschichte zu überzeugender Glaubwürdigkeit. Berühmt wurde die Szene, in der sich das Paar am Bug des Schiffes in den Armen hält. James Cameron zitierte diese Aufnahme für seine Version der „Titanic".

„L'Atalante“ beeinflusste spätere Filme auf Binnenschiffen, so „Unter den Brücken“ von 1944 aber auch „Young Adam“ von 2003 und „Elbe“ von 2007. Produktion: Jacques-Louis Nounez. Regie: Jean Vigo. Mit Dita Parlo, Michel Simon, Jean Dasté. Länge 89 Minuten.

Dante's Inferno (Das Schiff des Satans) USA 1935. Der entlassene Steward eines Ozeanriesen, wird mit einem Vergnügungspark und skrupellosem Geschäftsgebaren vermögend. Er setzt seine Idee für das Spielcasino auf einem Passagierschiff in die Tat um. Dieses sinkt jedoch. Der Ozeanriese wird in dieser Geschichte Spiegelbild alles Sündhaften, Schauplatz für Gier, Selbstsucht, Größenwahn und Überheblichkeit. Spielcasinos auf Ozeandampfern existierten damals noch nicht. Dieses stark nach „gut“ und „böse“ polarisierende Gleichnis appellierte besonders an die bibeltreuen Kinogänger Amerikas, die weltlichem Vergnügen ablehnend gegenüber standen. Produktion: 20th Century Fox. Regie: Harry Lachmann. Mit Spencer Tracy, Claire Trevor, Rita Hayworth. Länge 89 Minuten.

Allotria D 1935. Diese forsche und temporeiche Komödie beginnt mit einer frechen Romanze an Bord eines Transatlantikdampfers, auf dem die Seekrankheit allerlei Reisende dahinrafft. Die arg dünende See vereitelt den Heiratsantrag eines jungen Mannes an eine liebreizende Mitreisende, die ihm seine Unentschlossenheit übel nimmt. Allerdings kein vollständiger Schiffsfilm. Interessant, wie die Regie hier überzeugend Bordatmosphäre erzeugt, ohne überhaupt ein Schiff zu zeigen. Regie: Willi Forst. Mit Renate Müller, Heinz Rühmann, Hilde Hildebrandt, Tony Tetzlaff. Länge 90 Minuten.

I Live my Life (Wo die Liebe hinfällt) USA 1935. Eine amerikanische Touristin ist in griechischen Gewässern auf Kreuzfahrt und lernt einen Archäologen kennen, der auf Naxos an einer antiken Grabungsstätte arbeitet. Sie verliebt sich in ihn, sieht sich aber mit einer diametral entgegengesetzten Lebensauffassung konfrontiert. Nur sehr wenige vor dem Zweiten Weltkrieg gedrehte Filme thematisieren die Kreuzfahrt als Kultur- und Bildungsreise. Wie in diesem Falle auch, geht es in jener Zeit dann mit einer privaten Yacht in die Welt hinaus und nicht mit einem großen Dampfer – obwohl Kreuzfahrten als Pauschalreise schon seit Ende des 19. Jahrhunderts üblich waren. In dieser Komödie steht das Schiff auch nicht im Mittelpunkt. Vielmehr signalisiert es als Symbol den konträren Lifestyle zwischen der Millionärin und dem bescheiden lebenden Archäologen. Produktion: MGM. Regie: W.S. van Dyke. Mit Joan Crawford, Brian Aherne, Frank Morgan. Länge 85 Minuten.

Atlantic Adventure USA 1935. Ein des Mordes verdächtiger Amerikaner flüchtet auf einen Transatlantikdampfer. Ein so genanntes B-Movie, das vermutlich für so genannte Double Features produziert wurde. Zum Preis einer Kinokarte wurden zwei Filme gezeigt. Dieses Geschäftsmodell war in den frühen 30er Jahren in den USA als entstanden, um der Kinokrise entgegen zu wirken. Zumeist wurden dabei zwei Filme verschiedener Genre kombiniert, die sowohl Männer als auch Frauen zu einem Kinobesuch animieren sollten. Dieser Film ist eine Studioproduktion, in der sich die Handlung über Strecken in zwei Kabinen konzentriert. Nancy Caroll war in den frühen 30er Jahren ein großer Star und Kassenmagnet von Paramount. Dieses Lichtspiel, das auch Beleg ist für den Niedergang ihrer Karriere, ist jedoch bestenfalls ein Vorfilm. Produktion: Columbia. Regie: Albert S. Rogell. Mit Nancy Carroll, Lloyd Nolan, Harry Langdon, John Wray. Länge 68 Minuten.

Blinde Passagiere D 1936. Die dänischen Komiker Pat und Pattachon sind hier Tierwärter eines Zirkus und gelangen als blinde Passagiere auf den Dampfer „Cap Branco“ nach Rio. In Kühl- und Frachtraum verwickeln sie sich in allerlei haarsträubende Situationen, lernen einen dritten blinden Passagier kennen, müssen schließlich in der Kombüse helfen und tragen zur Aufklärung eines Juwelendiebstahls bei. Der Film entstand auf einem kleineren Dampfer, der für die Dreharbeiten im Hamburger Hafen gechartert wurde. Eine Ähnlichkeit zu „Monkey Business“ von den Marx Brothers ist nicht zu übersehen. Produktion: Majestic für Tobis. Regie: Fred Sauer. Mit Carl Schenström und Harald Madsen, Mady Rahl, Rudolf Platte. Länge 82 Minuten.

Spiel an Bord D 1936. Der Chauffeur Viktor Müller soll einen Wagen reparieren, der in Bremerhaven bereits auf die „Bremen“ verladen worden ist. Nach der Reparatur versteckt sich Müller an Bord und wird während der Überfahrt nach New York mit einem unerkannt reisenden Präsidenten verwechselt. Im Mittelpunkt stehen zwei Betrüger und eine Briefmarkensammlung. Dies führt zu allerlei Komplikationen. Die Komödie nach dem Bühnenstück von Axel Ivers ist der einzige Film, für den das Filmteam zahlreiche Aufnahmen während einer regulären Transatlantikreise auf einem der deutschen Express-Liner drehen ließ. Es ist nicht nur ein unterhaltsamer Spielfilm, sondern gleichzeitig ein einzigartiges dokumentarisches Werk über das Bordleben der „Bremen“ und das bunte Treiben an den Terminals in Bremerhaven und New York. Regisseur Herbert Selpin drehte sechs Jahre später auch „Titanic“ auf der „Cap Arcona“. Produktion: Neucophon-Tonfilm für Terra. Regie: Herbert Selpin. Mit Victor de Kowa, Susi Lanner, Alfred Abel. Länge 70 Minuten.

The Princess Comes Across (Eine Prinzessin für Amerika) USA 1936. Eine einfache Tänzerin aus Brooklyn reist in der dritten Klasse eines Ozeanriesen nach Europa und kehrt – sich als schwedische Prinzessin ausgebend – in der ersten Klasse zurück. Sie hofft als neue Garbo entdeckt zu werden. Ein Musiker der Bordkapelle verliebt sich in sie. Doch beide geraten in den Verdacht, einen Erpresser ermordet zu haben. Das Schiff ist hier die Bühne für gesellschaftlichen Aufstieg, Hochstaplertum, Schein und Sein. Der Film folgt einem typischen Erfolgsmuster der 30er Jahre, der Weg eines einfachen Mädchens in die Welt des Luxus. Dies machte die Identifizierung der Kinogängerin mit der äußerst beliebten Carole Lombard leicht. Gilt als eine der besten Sophisticated- bzw. Screwball-Comedys. Nach dem Schneeballsystem vervielfältigen sich die Komplikationen, in die sich das Paar durch das Lügengeflecht verwickelt. Das ultramoderne Filmschiff „Mammoth" ist der 1935 in Fahrt gebrachten „Normandie" nachempfunden. Der französische Liner war damals das größte und schnellste Schiff der Welt und bis 1939 Treffpunkt der internationalen High Society. Produktion: Paramount/ Arthur Hornblow. Regie: William K. Howard. Mit Carole Lombard, Fred MacMurray, Douglass Dumbrille, Alison Skipworth, William Frawley, Mischa Auer, Sig Rumann. Länge 76 Minuten.

China Seas (Abenteuer im gelben Meer) USA 1936. Während einer Sturmfahrt im chinesischen Meer verteidigt Kapitän Alan Gaskell nicht nur seine Goldladung gegen Piraten, sondern kämpft auch noch um die Liebe von zwei eifersüchtigen Passagierinnen. Effektvoll inszenierte Atmosphäre auf dem sturmgeschüttelten Pazifikdampfer. Eines der besten und erfolgreichsten Abenteuer des Traumpaares Jean Harlow und Clark Gable, das auch heute noch durch die ebenso realistische Bildgestaltung und die exotische Atmosphäre besticht. Der tosende Orkan, die Riesenwellen und die Gischt ergeben eine Sinfonie aus Bild und Ton, die quasi das seelische Innenleben der Verliebten spiegelt. Tay Garnett hatte 1932 „Reise ohne Wiederkehr“ inszeniert und drehte 1940 mit „Seven Sinners“ noch einen dritten stimmungsvollen Dampferfilm. Produktion: MGM. Regie: Tay Garnett. Mit Clark Gable, Jean Harlow, Rosalind Russell. Länge 85 Minuten.

The Captain's Table UK 1936. Der beliebte britische Schauspieler Percy Marmont führte Regie und spielte die Hauptrolle in dieser Detektivgeschichte, einen Passagier, der während einer Atlantikreise in Verdacht gerät einen Fahrgast ermordet zu haben. Um nicht unter Anklage zu kommen, klärt er den Fall selbst auf. Dieser vergleichsweise kurze Film wurde für die damals populäre Vertriebsform der Double-Features produziert. Zum Preis von einer Kinokarte bekam das Publikum zwei Filme zu sehen. Dies war eine Vermarktungsform, die während der Wirtschafts- und Kinokrise in USA und Britannien praktiziert wurde, um sinkenden Zuschauerzahlen entgegen zu wirken. Regie: Percy Marmont. Mit Percy Marmont, Mark Daly, Louis Goodrich, Hugh MacDermott, Marion Spencer, Daphne Courtney. Länge 55 Minuten.

Und du mein Schatz fährst mit D 1937. Atmosphärisch gelungene und temporeiche Komödie um eine Transatlantiküberfahrt auf der „Bremen“ und die Liebe zwischen einem Revuestar und ihrem Ingenieur. Auch in diesem Film ist die „Bremen“ ausdrücklich Schauplatz unter Verwendung zahlreicher schöner dokumentarischer Szenen von der Abfahrt in Bremerhaven und der Ankunft in New York. Die im Studio gestalteten Sets von den Gesellschaftsräumen kommen den Originalen recht nahe. Das Flair vom Bordleben eines großen Liners der 30er Jahre fängt dieser Film geschickt ein. Doch weist er weniger dokumentarisches Material auf als „Spiel an Bord“. Produktion: Ufa. Regie: Georg Jacoby. Mit Marika Rökk, Hans Söhnker, Oskar Sima. Länge 94 Minuten.

Petermann ist dagegen D 1938. NS-Propagandafilm als romantische Komödie über das Sozialgefüge in der nationalsozialistischen Alltagsgesellschaft am Beispiel einer Kreuzfahrt mit der Freizeitorganisation „Kraft-durch-Freude". Der Film entstand mit Aufnahmen des KDF-Dampfers „Der Deutsche" nach der literarischen Vorlage „Petermann fährt nach Madeira" von August Hinrichs. Das Drehbuch wendet sich hier geschickt an die Kinogänger, in dem es reale Personen einer deutschen Betriebs-Gefolgschaft in den Mittelpunkt stellt und Werbung für die Seereisen der Deutschen Arbeitsfront DAF macht. Damit ist dies einer der ersten Filme, die das moderne Kreuzfahrtkonzept in den Mittelpunkt der Geschichte stellen, aber auch einer der ganz wenigen, die sich dem Alltagsleben der NS-Zeit annähern und für die Parteiarbeit ideologisch werben. Das Passagierschiff „Der Deutsche" war 1924 als „Sierra Morena" des Norddeutschen Lloyd für die Linie von Bremerhaven nach La Plata in Fahrt gekommen. Es war ein besonders für die Dritte Klasse und das Zwischendeck konzipiertes Schiff, das gerade von Saisonarbeitskräften und Wanderarbeitern auf dem Südatlantik frequentiert wurde. Seit 1934 wurde „Sierra Morena" nur noch für 1000 Passagiere der Touristenklasse zu Kreuzfahrten eingesetzt und 1935 an die Deutsche Arbeitsfront verkauft, die es für ihre Freizeitorganisation „Kraft durch Freude" erwarb. Produktion: Neucophon-Tonfilm. Regie: Frank Wisbar. Mit Fita Benkhoff, Beppo Brem, F.W. Schröder-Schrom, Ernst Waldow.

Gateway USA 1938. Eine junge Irin aus der Touristenklasse lernt an Bord der „Queen Mary" während der Fahrt nach New York einen Kriegskorrespondenten kennen. Dieser Studiofilm, der in kurzen Luftaufnahmen die „Queen Mary" in voller Fahrt zeigt, thematisiert die Sehnsüchte von Auswanderern. In Bezug auf die „Queen Mary", die ja kein Auswandererschiff mehr war und auch in Hinsicht auf das Produktionsjahr erscheint die Story konstruiert und weniger glaubhaft, zumal sich die junge

Heldin ziemlich parkettsicher in der Ersten Klasse bewegt. Die Auswanderung und das Nadelöhr Ellis Island waren 1938 bereits Geschichte. So mangelt es dem Film an Plausibilität und zeitgeschichtlicher Logik. Gleichwohl überzeugt der Film durch geschickt hergestellte Bordatmosphäre. Die Studiobauten kommen den Gesellschaftsräumen und Promenaden der „Queen Mary" recht nahe. Produktion: 20th Century/ Darryl F. Zanuck. Regie: Alfred L. Werker. Mit Arleen Whelan, Don Ameche, Gilbert Roland, John Carradine. Länge 75 Minuten.

Pacific-Liner USA 1938. Auf dem Passagierschiff Arcturus wird während der Reise von Shanghai nach San Francisco ein blinder Passagier entdeckt. Der Chinese ist an Cholera erkrankt. Nachdem diejenigen, die mit dem Infizierten in Kontakt geraten sind, ebenfalls erkranken, ordnet der Kapitän die Verriegelung der unteren Decks an, um die Passagiere nicht zu gefährden. Doch bald kommt es zur Arbeitsniederlegung der Heizer und auch der Kapitän liegt vom Erreger geschwächt danieder. Unter den Passagieren bricht Panik aus, nachdem immer mehr Besatzungsmitglieder ausfallen. Allein ein Arzt und eine Krankenschwester aus dem Kreise der Passagiere behalten die Nerven und versuchen der Situation Herr zu werden. Erst als der Liner führerlos durch den Ozean zu treiben droht, nehmen die Heizer ihre Arbeit wieder auf. Der Film basiert auf einer Erzählung von Anthony Coldeway und Henry Robert Symonds und ist die erste Story, die das später beliebte Thema kontaminierter Kreuzfahrtschiffe behandelt. Meldungen über Massenerkrankungen auf Urlauberschiffen gehören heute zu den Standardnachrichten aus der modernen Welt des Seereisens. Reine Studioproduktion, die bisweilen kurze Dokumentaraufnahmen von Schornstein und offener See einblendet sowie auch ein Modellschiff verwendet. Elegant im Stil der Art déco gestaltet sind die Gesellschaftsräume der Passagierdecks. Die Aufbauten, Außendecks und das Vorschiff entstanden in verblüffend ungewöhnlicher Detailtreue im Studio in Originalgröße. Dieses Set wurde von RKO 1943 noch einmal für „The Ghost Ship“ wiederverwendet. Es gab eine Oscar-Nominierung für die beste Musik, die Robert Russell Bennett gestaltete. Produktion: RKO. Regie: Lew Landers. Mit Victor McLaglen, Chester Morris, Wendy Barrie. Länge 76 Minuten.

Rulers of the Sea (Herrscher der Meere) USA 1939. Das Abenteuer aus den Kindertagen des transatlantischen Dampfverkehrs spielt im Jahr 1836. Ein Steuermann lehnt sich während der Überfahrt von New York nach Europa gegen den tyrannischen Führungsstil des Kapitäns auf und quittiert seinen Dienst. Er lernt einen Ingenieur kennen, der eine Dampfmaschine für ein Hochseeschiff bauen und damit den Atlantik überqueren will. Noch sucht er einen erfahrenen Kommandanten und findet ihn in eben diesem Steuermann. Nach etlichen Kämpfen um Geldgeber und mit Konkurrenten stechen sie in See. Das Drehbuch folgt dem in Hollywood beliebten Erfolgsmuster vom selbstlosen und geradlinigen Helden, der trotz Widerständen an seinem Ziel unbeirrt festhält. Gleichwohl gibt die Geschichte glaubhaft die Euphorie und Aufbruchstimmung wieder, die zu Beginn der Übersee-Dampfschifffahrt unter den Pionieren herrschte. Produktion: Paramount. Regie: Frank Lloyd. Mit Douglas Fairbanks jr., George Bancroft, Margaret Lockwood, Will Fyffe. Länge 96 Minuten.

Love Affair (Ruhelose Liebe) USA 1939. Während der Transatlantikreise lernt ein französischer Künstler, der eigentlich eine Amerikanerin heiraten will, eine Nachtclubsängerin kennen und lieben. Sie verabreden ein Wiedersehen auf der Terrasse des Empire State Building, sollten sie sich nach Ankunft in New York und Ablauf eines halben Jahres noch immer ihrer Liebe sicher sein. Ein Autounfall vereitelt jedoch das Treffen. Diese Story entwickelte sich zu einer mehrfach verfilmten klassischen Schiffsgeschichte und beeinflusste spätere Romanzen zur See. Von der technischen Umsetzung her eine der besten Hollywoodproduktionen der 30er Jahre, die auf dem Ozeanriesen spielt. Die Studiobauten von Promenade und Bootsdeck sind von den Proportionen her überzeugend. Die hier gezeigte „SS Napoli“ existierte freilich nicht. Das hier öfter als Modell eingeblendete Schiff ist jedoch den italienischen Linern „Rex“ und „Conte di Savoia“ nachempfunden, die zu den größten, schnellsten und modernsten der 30er Jahre zählten. Produktion: RKO. Regie: Leo Mac Carey. Mit Irene Dunne, Charles Boyer, Maria Ouspenskaya. Länge 89 Minuten.

Till We Meet Again USA 1940. Remake von „One Way Passage” aus dem Jahr 1932. Auf einem Luxusdampfer verliebt sich eine Sterbenskranke in einen Schwerverbrecher, der von einem Beamten zur Hinrichtung in die USA überführt wird. Beide Todgeweihten verabreden ein Wiedersehen, sollten sie wider erwarten ihrem Schicksal entrinnen können. Diese klassische Story blieb nicht das einzige Remake und wurde später auch für Fernsehproduktionen variiert. Regie: Edmund Goulding. Mit Merle Oberon, George Brent, Pat O'Bien, Geraldine Fitzgerald. Länge 99 Minuten.

Charlie Chan's Murder Cruise (Charlie Chan auf Kreuzfahrt) USA 1940. Scotland Yard bittet den chinesischen Detektiv Charlie Chan einen Mord aufzuklären, der sich während einer Transatlantikreise auf dem Schiff zwischen New York und England ereignet hat. Doch erst nach einem zweiten Todesfall kommt Chang dem Mörder auf die Schliche. Ein Beispiel für eine Vielzahl von so genannten B-Movies mit Kino-Serienhelden jener Zeit, von denen jeder auch mal ein Abenteuer auf See zu bestehen hat. Dies ist ein Hinweis darauf, dass der Schauplatz Passagierschiff im Kino allmählich überstrapaziert und ausgereizt war. In den 70er Jahren gab es eine Renaissance dieses Musters für eine ganze Anzahl von TV-Kommissaren. Produktion: 20th Century-Fox. Regie: Eugene Forde. Mit Sidney Toler, Sen Yung, Don Beddoe, Lionel Atwill, Marjorie Weaver. Länge 77 Minuten.

Saps at Sea (Abenteuer auf hoher See) USA 1940. Mr. Hardy arbeitet in einer Fabrik für Automobilhupen und leidet an Überreizung. Sein Arzt ordnet Ruhe und frische Luft auf einem Ozeanriesen an. Weil ihm dies jedoch nicht zusagt, mietet Mr. Laurel für ihn eine Jacht, die im Hafen vor Anker liegt. Turbulent wird es, nachdem sich ein Verbrecher an Bord versteckt. Gilt als eine der schönsten Komödien des Komiker-Duos. Produktion: Hal Roach für United Artists. Regie: Gordon Douglas. Mit Stan Laurel, Oliver Hardy, James Finlayson. Länge 58 Minuten.

Argentine Nights (USA 1940). Die Andrew Sisters treffen auf einer Schiffsreise nach Argentinien mit den Ritz Brothers zusammen. Reiner Studiofilm mit Showeinlagen auf dem Bootsdeck, der typisch ist für die ersten Kriegsjahre, als Hollywood die Südamerikafahrt als Alternative zu Europa entdeckte. Produktion: Universal. Regie: Albert Rogell. Mit den Ritz Brothers (Al, Jimmy, Harry), Andrew Sisters, Constance Moore, George Reeves, Peggy Moran.

Seven Sinners (Das Haus der sieben Sünden) USA 1940. Diese ebenso ironische wie frivole Romanze beginnt mit stimmungsvollen, nahezu dokumentarisch wirkenden Hafenbildern von der Abreise eines Pazifikdampfers. An Bord ein eher schmuddeliges Milieu bunt zusammen gewürfelter Lebenskünstler und Trunkenbolde, die auf den Südseeinseln ihr Glück suchen. Mittendrin eine Bar- und Lebedame, die allen den Kopf verdreht und um die sich alle prügeln, auch ein Marineoffizier, der damit seine Karriere ruiniert. Regisseur Tay Garnett entfaltete hier erneut sein

Talent für atmosphärische Abenteuer zur See. Das Zusammenspiel von Beleuchtung, Montage und Kameraführung ergibt eine dreidimensional wirkende Raumtiefe sowie eine exotische Stimmung auf dem Schiff, das hier Transportmittel der Sünde ist, personifiziert durch die Dietrich, die den schlechten Einfluss auf Marine-Offiziere wie einen Bazillus von Insel zu Insel trägt. Ein Film, der allerdings nur im ersten Viertel auf dem Schiff spielt. Produktion: Universal. Regie: Tay Garnett. Mit John Wayne, Marlene Dietrich, Broderick Crawford. Länge 86 Minuten.

Weekend in Havanna USA 1941. Typisches Musical jener Zeit in Technicolor, das die Karibik als Filmkulisse zum Hintergrund hat. Der Angestellte einer Reederei untersucht die Havarie eines der Schiffe der Gesellschaft, das vor Havanna auf ein Riff gelaufen ist. Dies ist jedoch nur Vorwand für einen bunten Musik- und Revuefilm, der in einer sehr artifiziellen Studiokulisse entstanden ist. Geschickt spielt der Film mit klischeebezogenen Erwatungshaltungen von Seereise und Fernweh und führt gleich in der Eröffnungsszene in ein Reisebüro, in dem Plakate von Palmen und Dampfern für den Traumurlaub werben. Produktion: 20th Century-Fox. Regie: Walter Lang. Mit Alice Faye, Carmen Miranda, John Payne, Cesar Romero. Technicolor. Länge 81 Minuten.

The Lady Eve (Die Falschspielerin) USA 1941. Das klassische Thema der professionellen Falschspieler an Bord überträgt die vielleicht beste Schiffskomödie der Filmgeschichte auf einen amerikanischen Ozeanriesen. Ein naiver Millionärssohn gerät an die Gaunerin, die vom Falschspiel lebt, und verliebt sich in sie. „Als er ihre wahre Identität erfährt, lässt er sie fallen - und wird zum Opfer eines hinterlistigen Rachefeldzugs mit irrwitzigem Happy-End. Eine der gewagten und besten Screwball-Komödien, rasant, originell und vor genialen Einfällen geradezu sprühend“ (Heyne Film-Lexikon). Reine Studioproduktion, die jedoch das gesellschaftliche Bordleben amerikanischer Luxusdampfer in dem opulenten und detailreichen Set überzeugend abbildet. Bei den wenigen Einblendungen realer Schiffsszenen, die allesamt nur wenige Sekunden dauern, passt jedoch nichts zueinander. Zu Beginn wird ein kleiner Zweischornsteiner gezeigt. Später eingeblendete Schornsteine stammen erkennbar von einem anderen Schiff. Zum Schluss sieht man die „Queen Mary“ im Hafen von New York einlaufen. Im Film kommt der Dampfer aus Südamerika, eine Route, die die Queen im Liniendienst nie befuhr. Der Film zählte zu den größten Kassenhits von Paramount im Jahr 1941. Das Drehbuch lässt entfernt an den Erfolg des Studios mit „The Princess Comes Across“ aus dem Jahr 1936 erinnern. Nach der Hälfte des Films spielt zwischenzeitlich eine längere Sequenz an Land. Produktion: Paramount. Regie: Preston Sturges. Mit Barbara Stanwyck, Henry Fonda, Charles Coburn. Länge 90 Minuten.

Rage in Heaven USA 1941. Dieser Psycho-Thriller um einen krankhaft eifersüchtigen Unternehmer, der seine Ehefrau bezichtigt, ein Verhältnis mit seinem besten Freund zu unterhalten und diesem eine hinterlistige Falle stellt, zeigt im Happy End eine kurze Dokumentaraufnahme des französischen Liners „Paris“. Die finale Szene führt die Liebenden auf der Promenade des Dampfers vor, um die Botschaft „Ende gut, alles gut“ zu signalisieren. Die Schiffsreise drückt hier den Aufbruch und Neubeginn der großen Liebe aus. Verblüffend, wie diese Szene ihre Wirkung als Happy End entfaltet, obwohl sie nur wenige Sekunden dauert. Die 1921 in Fahrt gebrachte „Paris“ war bis 1939 eines der französischen Spitzenschiffe für die New-York-Route. Im April 1939 brannte sie an ihrem Liegeplatz in Le Havre aus und kenterte. Produktion: MGM. Regie: W.S. Van Dyke. Mit Ingrid Bergman, Robert Montgomery, George Sander. Länge 85 Minuten.

Dr. Crippen an Bord D 1942. Der bis dahin erfolgreichste deutsche Kriminalfilm nach dem authentischen und skandalösen Mordfall. Der britische Arzt Crippen hatte im Jahr 1910 seine Frau ermordet und sich mit seiner Geliebten auf einem Transatlantikdampfer nach Kanada flüchten wollen. Die Freundin verkleidet sich an Bord als junger Mann, will sich als Sohn Crippens ausgeben. Doch dabei passieren ihnen Fehler und das Paar wird enttarnt. Bei ihrer Ankunft werden sie verhaftet. Aus heutiger Sicht nicht mehr ganz so spannend, weil das Ende bekannt ist. Produktion: Terra. Regie: Erich Engels. Mit Rudolf Fernau, Rene Deltgen, Anja Elkhoff. Länge 86 Minuten.

Now, Voyager (Reise aus der Vergangenheit) USA 1942. Eine von ihrer Mutter bevormundete und psychisch kranke, dennoch liebeshungrige Frau verliebt sich auf einer Schiffsreise nach Rio endlich in den Mann ihrer Träume. Doch der ist verheiratet. Nach einem heftigen Streit mit ihrer Mutter stirbt diese. Eine der melodramatischen Parade-Rollen, die das Studio Warner Brothers zu Beginn der 40er Jahre in rascher Folge für die große Zugnummer Bette Davis schreiben ließ. Warner Brothers war zu jener Zeit das führende Studio bei der Wahl von Sujets zur Psychoanalyse. Der US-Bestseller „Der neurotische Mensch in unserer Zeit“ von der Psychoanalytikerin Karen Horney, Mutter des deutschen Filmstars Brigitte Horney, hatte diese Welle ausgelöst. Typisch war das vielfach variierte Thema der sexuellen Frustration, eingebettet in eine scheinbare Groschenromangeschichte. Die Schiffsreise ebnet in diesem Film den Weg zur Selbsterkenntnis und inneren Befreiung von äußeren Zwängen. Die verschüchterte Frau gewinnt auf dem eleganten Dampfer endlich Selbstsicherheit und wandelt sich an Bord zu einer weltgewandten Erscheinung, die ihre Lust auf Männer nicht länger unterdrücken muss. Dieser Studiofilm zeigt für etwa drei Sekunden die „Queen of Bermuda“ oder deren Schwesterschiff „Monarch of Bermuda“ in einer schon älteren

Aufnahme. Denn diese Dreischornsteiner waren im Produktionsjahr bereits als Truppentransporter unterwegs. Die beiden Liner verkehrten von 1931 und 1933 an von New York zu den Bermudas. Immer wieder eingeschnittene Aufnahmen des Schornsteins stammen erkennbar von einem anderen, kleineren Schiff. Ein grober Schnitzer für eine so aufwendige Inszenierung - dennoch üblich bei der fabrikmäßigen Produktionsweise Hollywoods jener Zeit. Typisch für die Kriegsjahre ist die Ausrichtung nach Südamerika als alternativer Friedensschauplatz zu Europa. Einige Mitglieder des Ensembles brillierten auch in „Casablanca". Produktion: Warner Bros. Regie: Irving Rapper. Mit Bette Davis, Claude Rains, Paul Henreid. Länge 117 Minuten.

Ship Ahoy USA 1942. Während einer Seereise nach Puerto Rico verliebt sich ein Buchautor in eine Tänzerin. Diese glaubt im amerikanischen Regierungsauftrag eine neue Magnetmine im Gepäck zu schmuggeln. Tatsächlich jedoch ist sie das Opfer eines Täuschungsmanövers von feindlichen Agenten - die die Idee dazu aus einem Roman eben dieses mitreisenden Schriftstellers geklaut haben. Dieser reine Studiofilm zeigt für gerade drei Sekunden in der Totale einen kleinen Passagierdampfer. In den aufwendigen, bisweilen übertrieben künstlich gestalteten Studiobauten spielt sich dagegen das bunte Bordleben eines großen Ozeandampfers ab - vom Kostümfest bis hin zur Pool Party. Das alles kann unmöglich auf einen kleinen Küstendampfer passen. Mit an Bord die Big Band von Tommy Dorsey. Originelles Drehbuch und witzige Dialoge. Komödiantischer und temporeicher Musikfilm mit einer der besten Shows von Eleanor Powell, die hier eine geheime Morse-Nachricht an den US-Agenten steppt, der im Publikum sitzt. Produktion: MGM. Regie: Edward Buzzell. Mit Red Skelton, Eleanor Powell, Tommy Dorsey. Länge 96 Minuten.

Reap the Wild Wind (Piraten im karibischen Meer) USA 1942. John Wayne als Bösewicht im intriganten Spiel konkurrierender Schiffsreeder, die sich um 1840 in Key West mit vorsätzlich verursachten Schiffsunglücken das Geschäft gegenseitig sabotieren. Dieser Abenteuerfilm aus der Frühzeit der Dampfschifffahrt zeichnet sich auch heute noch durch das originelle Drehbuch vor historischem Hintergrund aus. Als schließlich der Raddampfer „Southern Cross" mit Vorsatz auf ein Riff gefahren wird, kommt eine blinde Passagierin ums Leben, ausgerechnet die Cousine der Schiffseignerin. In Folge der Gerichtsverhandlung, wird ein Tauchgang mit dem Kapitän der „Southern Cross" anberaumt, um Beweise zu erbringen. Doch inzwischen hat sich ein Riesenkrake in dem Wrack eingenistet. Aufwendig inszenierter und wegweisender Farbfilm mit ausgewogener Erzählstruktur, der in der Handlung zahlreiche Figuren und Handlungsstränge geschickt ineinander vertaktet. Gerade die in jüngerer Zeit auf Mega-Kreuzfahrtschiffen spielenden Actionfilme und Thriller bedienen sich Einfällen der Geschichte. Dieser Studiofilm, der mit Modellschiffen arbeitet, gibt das Zeitkolorit der Epoche an den Südküsten der USA zur Mitte des 19. Jahrhunderts überzeugend wieder. Produktion: Paramount. Regie: Cecil B. DeMille. Mit Ray Milland, John Wayne, Susan Hayward, Paulette Goddard, Raymond Massey, Robert Preston. Technicolor. Länge 123 Minuten.

Titanic D 1943. Diese antibritische, deutsche Produktion aus dem Zweiten Weltkrieg hält sich kaum an die historisch überlieferte Wirklichkeit der Abläufe an Bord vor der Kollision. Vieles haben die Drehbuchautoren aus Gründen der Propaganda dazu erfunden, zum Beispiel einen heldenhaften deutschen Offizier. Der Film wurde jedoch zu großen Teilen an Bord des Hamburg-Süd-Liners „Cap Arcona" gedreht, was den Massenszenen der panisch flüchtenden Menschen auf dem Bootsdeck nahezu dokumentarisch echt wirkenden Charakter verleiht. Szenen daraus verwendete später die britische Produktion „A Night to remember“ und auch James Cameron ließ sich für die Handlung von „Titanic“ im Jahr 1997 von diesem alten Film inspirieren. Die 1927 auf der Route Hamburg – La Plata in Fahrt gekommene „Cap Arcona“ war ein ausgesprochenes Luxuspassagierschiff, dessen Raumkonzeption besonders für die Passagiere der Ersten Klasse ausgelegt war. Sie verfügte über einen Tennisplatz in Originalgröße und drei Schlote, mit einer Neigung nach Achtern, womit sie der Silhouette der „Titanic“ verblüffend ähnlich war. Mit 21 Knoten galt sie als eines der schnellsten Schiffe auf dem Südatlantik und blieb bis November 1939 in Fahrt. Danach wurde sie Wohnschiff der Kriegsmarine in Gotenhafen und 1945 für die Evakuierung der Ostgebiete eingesetzt. Im April 1945 wurden Gefangene des KZ Neuengamme an Bord gebracht. Am 3. Mai 1945 griffen britische Jagdbomber das Schiff in der Lübecker Bucht an. Die „Cap Arcona“ geriet in Brand und kenterte, wobei 5000 Menschen starben. Das Wrack wurde bis 1949 verschrottet. Produktion: Tobis. Regie: Herbert Selpin. Mit Sybille Schmitz, Kirsten Heiberg, Hans Nielsen, Ernst Fritz Fürbringer, Karl Schönböck, Monika Burg, Otto Wernicke. Länge 85 Minuten.

The Ghost Ship USA 1943. Ein junger Offizier tritt seine erste Stelle an und kommt neu an Bord eines Karibikdampfers. Bald zweifelt er an der psychischen Verfassung des Kapitäns seines Schiffes. Er glaubt, der Kapitän gefährde das Leben der Crew. Nachdem sich mehrere ungeklärte Todesfälle ereignet haben, sieht die Besatzung das Schiff von bösen Mächten verflucht. Während der Reise durch die Karibik eskaliert der Konflikt. Es gelingt dem Kapitän beinahe, den jungen Offizier brutal zu ermorden. Im letzten Moment wird der Kapitän von einem Mitglied der Besatzung erstochen. Der Film wurde in einer B-Movie-Reihe von Horrorfilmen nach dem großen Erfolg von „Cat People“ aus dem Jahr 1942 hergestellt. Dieser thematisierte verdrängte Sexualität. In „The Ghost

Ship“ geht es um die homosexuelle Neigung des Kapitäns zu dem Offizier. Dieser erwidert die eindeutigen Anspielungen seines Vorgesetzten nicht. In dieser Geschichte dient das Schiff dazu, einen geschlossenen Kosmos im Arbeitsleben von Männern abzubilden, in dem die Macht von Vorgesetzten auch missbraucht werden kann. Nach einer Plagiatsaffäre um das Drehbuch nahm RKO den Film jedoch 1944 vom Markt. 2005 erschien er als DVD. Studiofilm, für den das beeindruckende Set aus „Pacific Liner“ von 1938 verwendet wurde. Produktion: RKO. Regie: Mark Robson. Mit Richard Dix, Russell Wade, Edith Barrett, Ben Bard. Länge 69 Minuten.

Unter den Brücken D 1944. Dieser für seine poetische Erzählung, seine realistische Umsetzung und die ausdrucksstarke Kamera gelobte Film erzählt eine Dreiecksgeschichte zwischen zwei Binnenschiffern und einem Mädchen auf ihrer Fahrt nach Berlin. Weitgehend auf einem Binnenfrachter gedreht, besticht der Film durch das Helldunkel der visuell hochwertigen, schwarzweißen Bildgestaltung. Das Schiff symbolisiert hier auf der Fahrt durch die Kanäle das Gehäuse privater Sicherheit, in das sich die Protagonisten vor der Außenwelt zurückziehen. Vor dem Hintergrund des Entstehungsjahres übermittelt dieser malerisch gestaltete Film eine vielsagende Botschaft. Weit mehr noch als die See eignen sich Flüsse und Kanäle als Metapher für den Lebensweg. Regie: Helmut Käutner. Mit Gustav Knuth, Carl Raddatz, Hannelore Schroth, Hildegard Knef. Länge 96 Minuten.

Between two Worlds (Zwischen den Welten) USA 1944. Nach dem Bühnenstück „Outward Bound" des Briten Sutton Vane aus dem Jahr 1923 und Remake des Erfolgsfilms von 1930. Passagieren eines Ozeanriesen wird erst allmählich klar, dass sie allesamt Verstorbene sind, die in einer Zwischenwelt die Bilanz ihres Lebens ziehen müssen. Im Gegensatz zu der ersten Verfilmung spielt sich die Handlung hier während des Zweiten Weltkriegs ab. In Deutschland wurde der Film besonders durch die ungewöhnlich sphärische Musik des jüdischen Emigranten und Opernkomponisten Erich Wolfgang Korngold (1897-1957) beachtet. Sie gilt vielen als seine beste Filmmusik. In Wien und Berlin hatte er in den 20er Jahren Erfolg mit Opern und modernen Singspielen gehabt. Gleichwohl bleibt der Film sehr der Bühnenvorlage verhaftet und fällt damit recht geschwätzig aus. Man wünscht, mancher Dialog wäre durch einen filmischen Erzählstil ersetzt worden. Produktion: Warner Brothers. Regie: Edward E. Blatt. Mit John Garfield, Eleanor Parker, Paul Henreid, Sidney Greenstreet. Länge 112 Minuten.

Pursuit to Algiers (Sherlock Holmes: Gefährliche Mission) USA 1945. Ein prominenter Wissenschaftler wird wegen seiner Forschungsergebnisse ermordet. Detektiv Sherlock Holmes soll dessen Sohn sicher auf dem Schiffswege nach Algier begleiten. Obwohl Holmes und Dr. Watson ein Täuschungsmanöver arrangieren, gelangen drei Auftragsmörder an Bord. Ein weitgehend auf dem Passagierschiff spielender Film, der jedoch als Studioproduktion entstanden ist. Produktion und Regie: Roy William. Mit Basil Rathbone, Nigel Bruce, Marjorie Riordan, Rosalind Ivan. Länge 65 Minuten.

Road to Rio (Der Weg nach Rio) USA 1947. Bing Crosby und Bob Hope spielen in ihrem kommerziell erfolgreichsten Film aus der Road-to-Serie zwei blinde Passagiere, die an Bord eine exotische Schönheit kennen lernen. Sie ist mal charmant und mal wieder eisig, was ihre Verehrer zunächst arg verwirrt. Denn sie steht unter Hypnose ihrer bösen Tante. Die will, dass ihre Nichte einen Brasilianer heiratet, den diese eigentlich nicht mag. Diese musikalische Komödie ist eine Studioproduktion. Der durch die Nacht dampfende Liner wird durch eine Trickmontage gezeigt. Der in dem Film genannte Schiffsname "Queen of Brazil" ist fiktiv. Bekannt wurde besonders der Breakfast-Gag. Um an ein Frühstück zu gelangen, täuschen Hope und Crosby einem sehr beleibten Passagier, der auf dem Bootsdeck speist, so lange heftigen Seegang vor, bis dieser ihnen vor Übelkeit sein Gedeck überlässt. Bisweilen erinnert der Film in Ablauf und Situationskomik an die Komödie „Monkey Business", die mit den Marx Brothers 15 Jahre zuvor im selben Studio entstanden war. Während die Marx-Brüder sich in Heringsfässern als blinde Passagiere an Bord rollen lassen, lässt sich Bob Hope in einem Leinensack im Kühlraum der Kombüse einlagern. Allerdings reiht „Der Weg nach Rio" eher gespielte Witze aneinander, als dass er einer durchstrukturierten Komödie gleicht. Produktion: Paramount. Regie: Norman Z. McLeod. Mit Bob Hope, Bing Crosby, Dorothy Lamour und Gale Sondergaard. Länge 100 Minuten.

Luxury Liner (Liebe an Bord) USA 1948. Musical über die romantischen Verwicklungen von Erste-Klasse-Passagieren an Bord eines großen Transatlantikliners. Mittendrin die Tochter des Kapitäns, die hemdsärmelig die Arbeiten eines Bootsjungen erledigt. Dieser auf den Star Jane Powell zugeschnittene Studiofilm zeigt in Kombination einmal Farbaufnahmen der „Conte di Savoia" aus den 30er Jahren, aber auch ein Modellschiff, das in den Farben der italienischen Staatslinie Italia gestaltet ist. Die aufwendigen Studiobauten zielen in diesem Technicolor-Farbfilm auf präzise Genauigkeit der Proportionen ab. So fällt der Film in der Montage von Trickaufnahmen, Studiobauten und dokumentarischen Bildern weitaus harmonischer aus, als frühere Schiffsfilme. Allerdings wirkt die Handlung selbst für das Entstehungsjahr naiv romantisierend. George Brent spielte auch 1933 in dem Paramount-Film „Luxury Liner" die Hauptrolle. Dieser Film ist jedoch kein Remake. Die „Conte di Savoia" war 1948 nicht mehr in Fahrt. Das Schiff war 1943 bei einem alliierten Luftangriff am Liegeplatz bei Venedig beschädigt worden und danach gesunken. Das Wrack wurde 1950 verschrottet. Mit George Brent, Jane Powell, Lauritz Melchior, Frances Gifford, Marina Koshetz. Produktion: Metro-Goldwyn-Mayer/ Joe Pasternak. Regie: Richard Whorf. Länge 98 Minuten.

Romance on the High Seas (Zaubernächte in Rio) USA 1948. Farbfilm-Musical und Verwechslungskomödie um ein eifersüchtiges Ehepaar, das am dritten Hochzeitstage eine Kreuzfahrt nach Rio unternehmen will. Als der Ehemann vorgibt, die Reise aus geschäftlichen Gründen nicht antreten zu können, bleibt auch die Ehefrau heimlich in New York, um ihren Mann zu bespitzeln. Sie engagiert eine junge Sängerin, die unter ihrem Namen, die Reise antreten soll. Der Ehemann wundert sich, weshalb seine Frau jetzt alleine reisen will und schickt ihr heimlich einen Detektiv hinterher. Dieser verliebt sich an Bord in die junge Sängerin. Farbenfroher Studiofilm mit einigen atmosphärischen Hafenbildern. Das Bordleben mit Tanzmusik und Orchester spiegelt die Wertvorstellung der neuen amerikanischen Mittelschicht und ihres Lifestyle, spielt aber auch mit den Klischees von südamerikanischen Urlaubsparadiesen. Der Kino-Trailer brachte gezielt die Begriffe „Romantik“ und „Glamour“ mit der Erwartung an die Seereise in Verbindung. Typisch für das Hollywood nach dem Zeiten Weltkrieg ist die Restauration gesellschaftlicher Werte, die sich hier in dem traditionellen Rollenmuster zwischen der Sängerin und dem deutlich älteren, eher dem väterlichen Typ zuneigenden, Liebhaber äußert. Produktion: Warner Brothers. Regie: Michael Curtiz. Mit Doris Day, Jack Carson, Janis Paige, Don DeFore. Länge 99 Minuten.

Sorry Wrong Number (Du lebst noch 105 Minuten) USA 1948. Dieser Thriller um eine reiche hypochondrische Schreckschraube, die ihren Mann terrorisiert und zufällig am Telefon mithört, dass sie noch am selben Tag ermordet werden soll, zeigt in einer Rückblende visuell hochwertige Dokumentaraufnahmen der „Normandie". Dieses Spitzenschiff von 1935, das noch immer als vollkommenster Ozeanriese aller Zeiten gilt, existierte im Produktionsjahr nicht mehr. „Normandie" war 1942 in New York bei Umbauarbeiten ausgebrannt und gesunken, 1946 verschrottet worden. Im Film dienen die Dokumentarszenen dazu, das einst scheinbar harmonische Liebes- und Eheleben des Paares während einer Europa-Reise glaubhaft zu machen und ihren Wohlstand zu unterstreichen. Produktion: Paramount. Regie: Anatole Litvak. Mit Barbara Stanwyck, Burt Lancaster. Länge 89 Minuten.

Maitre apres Dieu (Schiff ohne Hafen) F 1950. Im Jahr 1939 verweigern die USA die Aufnahme jüdischer Flüchtlinge aus Deutschland. Ein holländischer Kapitän versenkt sein Schiff vor der amerikanischen Küste, damit seine Passagiere, jüdische Flüchtlinge, nicht nach Deutschland zurückkehren müssen. Das Schiff dieses Films ist von der Klasse her einem Frachter oder einem Kombischiff zuzuordnen. Es ist die erste Produktion, die sich vor dem Hintergrund des Holocaust kritisch mit der Rolle der Alliierten auseinandersetzt, und der Frage nachgeht, wie der Völkermord schon im Vorfeld des Zweiten Weltkriegs durch eine grundsätzlich andere Politik gegenüber Deutschland hätte aufgehalten werden können. Produktion: C.G.C.F. Regie: Louis Daquin. Mit Pierre Brasseur, Jean Piere Grenier, Louis Bellon. Länge 95 Minuten.

Gentlemen Prefer Blondes (Blondinen bevorzugt) USA 1953. Remake von 1928, basierend auf dem Bestseller von Anita Loos und dem danach entwickelten Broadway-Musical. In den frühen 50er Jahren erlebte die Europa-Reise unter Amerikanern rasch eine Renaissance. Die Komödie um zwei Revuegirls, die Diamanten ebenso zu ihren besten Freunden zählen wie reiche Millionäre, wurde dank Jane Russell und Marilyn Monroe ein Klassiker. Auf dem fiktiven Ozeanriesen "Ile de Paris" treffen die zwei liebeshungrigen Frauen während der Überfahrt von New York nach Cherbourg auf die olympische Mannschaft der USA. Dieser 1953 gedrehte Film ist eine reine Studioproduktion, die die Bordatmosphäre eines Ozeanriesen jedoch detailgetreu und überzeugend einfängt. Bei dem in den Totalen immer wieder eingeblendeten Dreischornsteiner handelt es sich um ein Modellschiff in einer sehr echt wirkenden Trickaufnahme. Es sieht der „Queen Mary" verblüffend ähnlich. Jedoch verrät die rechtwinklige Brückenfront, dass es sich hier um keines der damals in Betrieb befindlichen Schiffe handeln kann. Die „Ile de France", die bis 1959 im Linienverkehr nach New York stand, hatte im Produktionsjahr des Films bereits nur noch zwei Schornsteine. Ganz gezielt aber ließ das Drehbuch die Geschichte auf einem französischen Schiff spielen. In der vergleichsweise prüden amerikanischen Gesellschaft war der Name der Stadt Paris und die Nennung Frankreichs allein schon Synonym genug für alles Unanständige und für all die Dinge, für die selbst Siegmund Freud die Worte fehlten. John Maxtone Graham verweist in seinem klassischen Werk „Der Weg über den Atlantik" von 1972 auf die besondere Symbolik, die die Reise nach Frankreich und der Besuch der Stadt Paris in der Wahrnehmung der US-Amerikaner noch bis weit nach dem Zweiten Weltkrieg hatte. Ein Schiff mit dem Namen „Ile de Paris" hat es nie gegeben. Der Name des Schiffes appelliert an Phantasievorstellungen vom vermeintlich sündigen Leben in Paris. Produktion: 20th Century-Fox.

Regie: Howard Hawks. Mit Jane Russell, Marilyn Monroe, Charles Coburn, Elliott Reid, Länge 91 Minuten.

Titanic (Der Untergang der Titanic) USA 1952. In dieser mit großen Hollywood-Stars besetzten Version versucht ein amerikanisches Paar vergeblich zunächst die eigene Ehe und später das Leben des vierzehnjährigen Sohnes zu retten. Die Dramaturgie des Films rückt erfundene Figuren in den Mittelpunkt, stellt jedoch die Seelenkonflikte einzelner Charaktere aus verschiedenen Perspektiven glaubhaft heraus. Beklemmend wirkt die scheinbare Gelassenheit, mit der die Zurückgebliebenen ihr Schicksal akzeptieren. Tricktechnisch weit überzeugender als die spätere britische Verfilmung, erlaubt sich dieser Film auch keine groben historischen Ungenauigkeiten, abgesehen von Erkenntnissen, die damals noch nicht vorlagen, wie dem Auseinanderbrechen des Rumpfes kurz vor dem Untergang. Produktion: 20thCentury-Fox. Regie: Jean Negulesco. Mit Barbara Stanwyck, Clifton Webb, Robert Wagner, Brian Aherne, Richard Basehart. Länge 98 Minuten.

How to Marry a Millionaire (Wie angelt man sich einen Millionär) USA 1953. Die in New York spielende Geschichte um drei Frauen, die alle unbedingt einen Millionär heiraten wollen, zeigt unmittelbar nach dem Vorspann in Farbe und Breitwand die in den Hafen einlaufende "Liberté" der C.G.T., die frühere „Europa“ des Norddeutschen Lloyd, die nach dem Zweiten Weltkrieg Frankreich als Ersatz für die ausgebrannte „Normandie“ überlassen wurde. Darüber hinaus ist dies kein Schiffsfilm. Produktion: 20thCentury Fox. Regie: Jean Negulesco. Mit Lauren Bacall, Marilyn Monroe, Betty Grable. Länge 95 Minuten.

The French Line (Die lockende Venus) USA 1954. Der Erfolg von Blondinen bevorzugt brachte dem Star Jane Russell zwei Nachfolgefilme. Neben „Gentlemen prefere Brunettes“ diesen temporeichen Musikfilm, der die französische Linie CGT nun ganz in den Mittelpunkt stellt. Gedreht wurde er zum Teil an Bord der „Liberté”, der früheren „Europa”. Die Stimmung auf den französischen Schiffen galt unter Amerikanern immer als besonders frivol. Die übliche Geschichte wird hier variiert. Diesmal sucht eine Millionenerbin auf der Europa-Reise einen Liebhaber. Mit dem Slogan „Musik so beschwingend wie Champagner“ warb das Studio RKO für dieses Musical, das als einziger Film überhaupt dem Nimbus einer realen Reederei huldigt. Die Produktion kam auch in einer 3-D-Version heraus, worauf die besonders figurbetonten Korsagen für Jane Russell abzielten. Die 1930 für den Norddeutschen Lloyd in Fahrt gekommene „Europa“ war das Schwesterschiff der „Bremen“, Gewinnerin des Blauen Bandes und bis 1939 eines der schnellsten und modernsten Schiffe auf dem Nordatlantik. 1945 von der US-Navy als Truppentransporter eingesetzt, wurde sie 1946 Frankreich als Ersatz für die 1942 im Hafen von New York während des Umbaus zum Truppentransporter ausgebrannte „Normandie“ übergeben. Als sie 1950 als „Liberté“ für die CGT in Dienste gestellt wurde, war sie von Innenarchitektur, Design und Raumausstattung das eleganteste Schiff jener Zeit. Sie erhielt eine ganze Reihe der im Art déco gehaltenen Möbel und Ausstattungsstücke der „Normandie“. Sie blieb bis 1961 in Fahrt und wurde durch die futuristisch gestaltete „France“ ersetzt. Produktion: RKO - Howard Hughes/ Edmund Grainger. Regie: Lloyd Bacon. Mit Jane Russell, Gilbert Roland, Arthur Hunnicutt, Mary Carty. Länge 102 Minuten.

Doctor at Sea (Doktor Ahoy!) UK 1955. Klamauk um einen Schiffsarzt aus der Doktor-Film-Reihe mit dem britischen Star Dirk Bogarde. Ein junger Arzt sieht nach beruflichem Fehlstart als Mediziner an Bord eines

Überseedampfers seine Zukunft. Als zwei Passagierinnen, eine die Tochter des Reeders, an Bord kommen, wird es leidenschaftlich. Studiofilm mit realen Außenaufnahmen an Deck und Totalen eines kleineren aber modernen Passagierdampfers. Einige schöne stimmungsvolle Hafenaufnahmen aus Südamerika sind von dokumentarischem und historischem Wert. Insgesamt aber albern und langatmig inszeniert, ist dies einer der etwas schwächeren „Doktor-Filme". Produktion: Betty E. Box. Regie: Ralph Thomas. Mit Dirk Bogarde, Brigitte Bardot. Länge 94 Minuten.

Passage Home (Eine Frau kommt an Bord) UK 1955. Eine schöne Frau reist in den 30er Jahren auf einem Dampfer von Südamerika heim nach England. Zwei Schiffsoffiziere verlieben sich in sie. Dann gerät das Schiff in ein schweres Unwetter und auch zwischen den Liebenden wird es stürmisch. Regisseur Roy Ward Baker inszenierte kurz darauf die britische Titanic-Version. Produktion: Julian Wintle. Regie: Roy Ward Baker. Mit Peter Finch, Anthony Steel, Diane Cilento. Länge 102 Minuten.

An Affair to Remember (Die große Liebe meines Lebens) USA 1957. Remake von Regisseur Leo Mac Carey, der dieselbe Geschichte bereits 1938 unter dem Titel „Love Affair" erfolgreich inszeniert hatte. Eine Nachtclubsängerin lernt an Bord eines Passagierschiffs während der Fahrt von Italien nach USA einen Playboy kennen. Beide sind jedoch verlobt, in jeweils vermögende Partner. Dennoch verabreden sie ein Wiedersehen nach Ablauf von sechs Monaten auf der Terrasse des Empire State Building, sollten sie sich beide ihrer Liebe noch sicher sein. Ein Unfall jedoch vereitelt das Treffen. Studiofilm, der allerdings zahlreiche Bord- und Detailaufnahmen der „Independence" der American Export Line zeigt. Das Schiff war 1951 mit der baugleichen „Constitution" auf der Route von New York nach Genua in Fahrt gekommen, auf der es bis 1967 verkehrte. Sie konnten 1100 Passagiere in drei Klassen befördern und waren mit 23 Knoten Durchschnittsgeschwindigkeit vergleichsweise schnell. Die US-Gesellschaften profitierten vom wachsenden Europa-Tourismus in der Nachkriegszeit unter Amerikanern der Mittelschicht. Der auf die Tränendrüse drückende Film entwickelte sich zu einem Klassiker des romantischen Kinos und beeinflusste wie kein anderer später die US-Serie ,,Love Boat". Weitere Remakes folgten später. Regie: Leo Mac Carey. Mit Cary Grant, Deborah Kerr, Cathleen Nesbitt. Länge 119 Minuten.

Träume von der Südsee D 1957. Ein Modeschöpfer verliebt sich in ein Mannequin und begleitet diese auf den Luxusdampfer. Verbrecher bringen das Schiff in ihre Gewalt und setzen die Passagiere auf einer Südseeinsel aus. Optimistische und unbeschwerte Wirklichkeitsflucht im Reisestil der 50er Jahre. Der Film erfreut den Zuschauer durch Mode und Interieurs der Wirtschaftswunderzeit. Regie: Harald Philipp. Mit Vico Torriani, Eva Schreiber, Mady Rahl, Werner Fuetterer, Hubert von Meyerinck. Länge 90 Minuten.

A Night to Remember (Die letzte Nacht der Titanic) UK 1958. Diese britische Version orientierte sich vor allem an Walter Lords viel beachteten Buch, das auf Interviews mit prominenten Überlebenden beruhte und den Blick auf die Ereignisse in der Ersten Klasse lenkte. Trotz oder gerade wegen der chronologisch sorgfältigen Rekonstruktion der Ereignisse recht undramatisch inszeniert. Die Charaktere, obwohl ihnen reale Personen zugrunde liegen, bleiben merkwürdig profillos im Hintergrund. Man bangt nicht wirklich mit ihnen mit, zu episodenhaft sind ihre Auftritte. Die Untergangsszenen mit einem nicht ganz den realen Proportionen entsprechenden Modellschiff wirken heute recht amateurhaft. Viel zu schnell sinkt das Modell ins Wasser. Die Schornsteine sind im Verhältnis zum Rumpf viel zu lang geraten. Unter demselben Titel hatte der amerikanische TV-Regisseur George Roy Hill 1956 den Stoff für das landesweit ausgestrahlte Live-Fernsehen in Szene gesetzt und für Furore gesorgt. Dieser Film jedoch wurde kein Welterfolg. Ihm fehlten international bekannte Stars. Produktion: Rank-Organisation. Regie: Roy Ward Baker. Mit Kenneth More, Ronald Allen, Robert Ayres. Länge 121 Minuten.

The Decks Ran Red (Mörder an Bord) USA 1958. Auf einem Frachtdampfer plant der Maschinist einen Versicherungsbetrug. Dafür will er sogar die komplette Mannschaft ermorden. Das Lexikon des internationalen Films: „Spannender harter Thriller mit guten Darstellerleistungen." Dasselbe Team drehte kurz darauf „The last Voyage" auf der „Ile de France". Produktion: MGM. Produktion und Regie: Andrew L. Stone. Mit James Mason, Dorothy Dandridge, Broderick Crawford, Stuart Whitman, Katharine Bard. Länge 84 Minuten.

The Last Voyage (Höllenfahrt / Die letzte Fahrt der Claridon) USA 1959. Die Dreharbeiten auf dem zum Abwracken verkauften Transatlantik-Liner „Ile de France" lösten 1959 in Frankreich einen Sturm der Entrüstung aus. Das stolze Schiff galt vielen Franzosen als Nationalheiligtum. In der Filmhandlung ist der Liner „Claridon" auf seiner letzten regulären Atlantikreise. Die Reederei will ihn durch einen Neubau ersetzen. In entsprechend schlechtem Zustand sind Schiff und Maschinen. Eine heftige Dampfkesselexplosion führt zum langsamen Untergang. Im Mittelpunkt steht die Rettung einer dreiköpfigen Familie. Dieser Film dürfte James Cameron 1997 für seine Titanic-Version inspiriert haben. Die Heldin ist – wie später Leonardo DiCaprio – in einer Kabine eingeklemmt, während das Wasser langsam immer höher steigt. Mit vielen Originalaufnahmen von Bord der Ile de, France, so auch aus dem charakteristischen Art-déco-Speisesaal. Im Laufe des Films werden Teile des Schiffes wie Schornstein und Vorschiff durch reale Explosionen regelrecht zerstört. Es war die erste Produktion, die gerade ein aus der Fahrt genommenes Passagierschiff für Dreharbeiten nutzte. Der seit dem Jahr 1927 auf der New-York-Route verkehrende Liner war 1958 außer Dienst gestellt und zum Abwracken verkauft worden. Produktion: Andrew and Virginia Stone. Regie: Andrew L. Stone. Mit Robert Stack, Dorothy Malone, George Sanders. Länge 90 Minuten.

Drillinge an Bord D 1959. Obwohl oder gerade weil kein dramaturgisches Klischee ausgelassen wird, eine turbulente und temporeiche Komödie mit Komiker Heinz Erhard, der drei Brüder spielt. Der eine hat die Reise auf einem Luxusliner gewonnen, die beiden anderen sind neidisch und reisen als blinde Passagiere mit. Zu allem Überfluss stöbert das Trio an Bord Juwelendiebe auf. 1959 mit vielen beliebten Stars an Bord der „Hanseatic" gedreht. Schöne Aufnahmen der Außendecks und andere sehenswerte Details dieses beeindruckenden Liners. „Drillinge" an Bord" erscheint deshalb als einer der besten Schiffsfilme überhaupt. Die „Hanseatic" der Hamburg-Atlantik-Linie bediente von 1958 bis 1966 die Route von Hamburg nach New York. Das im Nierentischstil der 50er Jahre ausgestattete Schiff war besonders für Touristen (1167) konzipiert und erfreute sich großer Popularität unter den Reisenden. Es wurde als „Schiff der guten Laune" vermarktet und stellte im Bordleben eine deutliche Abkehr von der steifen Etikette früherer Schiffe dar. Das Angebot der Ersten Klasse war mit 85 Betten nur klein. Dies entsprach dem sich gewandelten Reiseverhalten der Nachkriegszeit. Gebaut worden war die „Hanseatic" 1929 als „Empress of Japan" für die Londoner Reederei Canadian Pacific und deren Transpazifikdienst. Nach dem Beginn des Krieges gegen Japan wurde das Schiff 1942 in „Empress of Scotland" umbenannt. 1958 wurde sie in Hamburg für die neu gegründete Hamburg-Atlantik-Linie modernisiert und in „Hanseatic" umgetauft, 1966 durch

Feuer im Maschinenraum schwer beschädigt und abgewrackt. Produktion: DFH. Weltvertrieb: Transocean. Regie: Hans Müller. Mit Heinz Erhardt, Peter Carsten, Ingrid van Bergen, Ann Smyrner, Trude Herr, Billy Mo, Paul Dahlke, Günter Pfitzmann. Uraufführung am 22. Dezember 1959. Länge 82 Minuten.

Peter Voss, der Millionendieb D 1958. Weltenbummler Peter Voss täuscht einen Bankraub vor und verfolgt als Steward getarnt eine Diebesbande rund um den Erdball von Cuxhaven nach Rio. Auf dem von der Hapag bereederten Atlantikliner „Italia" der Home-Lines gedreht. Der Film überträgt eine stimmungsvolle Bordatmosphäre mit sehr farbenfrohen Deckszenen und spiegelt den typischen Zeitgeist der 50er Jahre. Die von der Hamburger Hapag bereederte „Italia" war Eigentum der Home Lines aus Panama, an der die Svenska Amerika Linjen beteiligt war. Diese hatte das Schiff 1928 als „Kungsholm" in Dienst gestellt. Von 1952 bis 1960 verkehrte die „Italia" auf der Route von Hamburg nach Nordamerika. Produktion: Kurt Ulrich. Regie: Wolfgang Becker. Mit O.W. Fischer, Ingrid Andree, Walter Giller, Margit Saad. Länge 110 Minuten.

Nacht fiel über Gotenhafen D 1959. Auch aus heutiger Sicht überzeugend inszenierter Katastrophenfilm über den Untergang der „Wilhelm Gustloff" im Februar 1945, bei dem weit mehr als 6000 Menschen, Flüchtlinge aus Ostpreußen starben, nachdem das frühere Kreuzfahrtschiff auf der Fahrt von Gotenhafen nach Kiel von einem sowjetischen U-Boot versenkt worden war. Mit dramatischen Massenszenen und vor einem historischen Hintergrund, der auch heute noch den aktuellen Erkenntnissen Stand hält. Die beeindruckend fotografierten Perspektiven von Promenade und Bootsdeck lassen als Drehort auf die „Hanseatic" schließen. Es blieb bis heute der einzige Kinofilm, der die Versenkung eines der deutschen Flüchtlingsschiffe thematisiert. Produktion: DFH.

Regie: Frank Wisbar. Mit Sonja Ziemann, Gunnar Möller, Brigitte Horney, Mady Rahl. Länge 99 Minuten.

Das Totenschiff D 1959. Frei nach der gesellschaftskritischen Parabel des legendären literarischen Phantoms B. Traven erzählter Abenteuerfilm. Brutal und realistisch wird das Leben der Besatzung eines maroden Seelenverkäufers in den Mittelpunkt gerückt, ohne jedoch die Symbolik der literarischen Vorlage aufzugreifen. Der Film besticht durch die realistischen Aufnahmen aus den Maschinen- und Laderäumen. Produktion: Universum. Regie: Georg Tressler. Mit Horst Buchholz, Elke Sommer, Mario Adorf, Helmut Schmidt. Länge 98 Minuten. Uraufführung 1. Oktober 1959.

The Captain's Table (Der Luxus Käpt'n) GB 1959. Diese nach dem 1955 erschienenen Roman von Richard Gordon gedrehte Komödie spielt auf einem Schiff, das nach Australien unterwegs ist. Im Mittelpunkt steht ein Kapitän wider Willen, der mehr Seebär ist als Salonlöwe, kein Fettnäpfchen auslässt und an der Etikette auf dem Luxusdampfer erst durch die Bekanntschaft zu den Damen Gefallen findet. 1971 entstand in Deutschland das Remake „Der Kapitän" mit Heinz Rühmann. Produktion: Jack Lee. Regie: Joseph Janni. Mit John Gregson, Donald Sinden, Peggy Cummins, Maurice Denham. Länge 90 Minuten.

Ferry to Hong Kong (Fähre nach Hong Kong) GB 1959. Abenteuerfilm um einen Lebenskünstler, der nach einer Schlägerei in Hong Kong ausgewiesen wird und sich auf der Fähre nach Macao befindet. Doch dort wird ihm die Einreise untersagt. Nun pendelt er zunächst gegen den Willen des Kapitäns hin und her, kann aber Heldenmut beweisen, als das Schiff durch einen Taifun in Gefahr gerät. Dieses auf einem echten Passagierschiff gedrehte Abenteuer ist durch die realistische Exotik sehenswert. Das Alltagsleben auf asiatischen Fährschiffen ist glaubhaft eingefangen. Produktion: George Maynard. Regie: Lewis Gilbert. Mit Curd Jürgens, Orson Welles, Sylvia Syms. Länge 98 Minuten

Exodus USA 1960. Das Epos aus der Gründungsgeschichte des Staates Israel spielt in den Jahren 1946 bis 1948 um den Freiheitskampf jüdischer Emigranten auf Zypern und in Palästina und stellt den Hungerstreik auf dem Flüchtlingsschiff „Exodus" in den Mittelpunkt. 1947 hatte die britische Regierung als Besatzungsmacht das Ablegen des Schiffes mit jüdischen Flüchtlingen aus Europa in Zypern als auch die Landung in Palästina verhindern wollen. Die Passagiere traten in den Hungerstreik. Produktion und Regie: Otto Preminger. Mit Paul Newman, Eva Marie Saint, Ralph Richardson. Länge 199 Minuten.

Carry on Cruising (Ist ja irre – Der Schiffskoch ist seekrank) UK 1962. Kurz nachdem der Luxusdampfer zu einer Kreuzfahrt ins Mittelmeer ausgelaufen ist, entpuppt sich die neue Besatzung als blutige Amateurtruppe, der alles daneben geht. Burlesker Slapstick aus der beliebten Filmreihe Carry on. Als Vorbereitung für eine Kreuzfahrt durchaus empfehlenswert. Der Film entstand mit Unterstützung der P&O Line London und zeigt eines der beiden 1950 und 1953 vom Stapel gelaufenen Schwesterschiffe „Oronsay" oder „Orsova", hier noch in den Farben der Orient Line. 1960 hatte die Orient Line mit der Peninsula and Oriental Line zur P&O-Orient-Line fusioniert. Die Schiffe standen im Liniendienst von London nach Sydney und wurden 1974 sowie 1975 aus der Fahrt genommen und zum Abwracken verkauft. Bei den allermeisten Szenen handelt es sich jedoch um Studioaufnahmen. Regie: Gerald Thomas. Mit Sidney James, Kenneth Williams, Kenneth Connor, Liz Fraser, Dilys Lay. Länge 89 Minuten.

Marnie USA 1964. In Hitchcocks Psychogramm über eine Kleptomanin, die in ihrer Kindheit Opfer von sexuellem Missbrauch geworden war, spielt eine Schlüsselszene auf dem Passagierschiff. Mit ihrem frisch verheirateten Ehemann befindet sie sich auf Hochzeitsreise, meidet jedoch jeden körperlichen Kontakt mit ihm und zeigt eine pathologische Abneigung gegenüber dem Ehebett in der gemeinsamen Kabine. Ihr Mann möchte, dass sie sich der Ursache stellt und konfrontiert sie mit ihrer Angst. Die Schiffskabine ist hier geschickt gewählt als Ort, aus dem Flucht und Umkehr unmöglich sind. Hitchcock zeigt hier kein Passagierschiff im Bild, jedoch sind Szenen auf Promenade und Bootsdeck erkennbar auf einem großen realen Liner entstanden. Produktion: Universal. Regie: Alfred Hitchcock. Mit Tippi Hedren, Sean Connery. Länge 124 Minuten.

Ship of Fools (Das Narrenschiff) USA 1964. Die nach dem Roman von Katherine Anne Porter verfilmte Geschichte verdichtet die gesellschaftliche Entwicklung in der Zeit vor dem Nationalsozialismus auf das Geschehen an Bord eines deutschen Passagierschiffes, das sich auf der Fahrt von Südamerika nach Europa befindet. Trotz der etwas angestrengt konstruierten Dialoge und Charaktere entwirft der Film ein authentisches Milieu und eine glaubhafte Bordszenerie auf einem der typischen deutschen Schiffe, die in den 30er Jahren in recht großer Zahl auf dem Südatlantik verkehrten. Regisseur Stanley Kramer hatte auf diesen Stoff nach dem Welterfolg seines Gerichtsfilms „Urteil von Nürnberg" zurückgegriffen und damit ein ähnlich großes Echo erzielt. Regie: Stanley Kramer. Mit Vivien Leigh, Lee Marvin, Simone Signoret, Jose Ferrer, Oskar Werner, Heinz Rühmann, Christiane Schmidtmer. Länge 149 Minuten.

Assault on a Queen (Überfall auf die Queen Mary) USA 1965. Eine Tauchergruppe von ehemaligen Marineoffizieren findet vor der amerikanischen Küste ein nahezu intaktes deutsches U-Boot aus dem Zweiten Weltkrieg. Sie heben und reparieren es, um mit den Torpedos die „Queen Mary" kurz vor New York zu stoppen. Die Banditen haben es auf Schmuck und Bargeld der reichen Passagiere abgesehen. Der Überfall glückt, der Kapitän der Queen lässt den Tresor nach einem Warnschuss räumen. Bei der Flucht jedoch gerät das U-Boot der Gangster in die Schrauben des Liners. Abenteuerfilm mit vielen Originalaufnahmen der „Queen Mary" in voller Fahrt und stimmungsvoller Musik von Duke Ellington. Gilt unter Cineasten dennoch als eher zweitklassiges B-Movie. Die Unterwasseraufnahmen glichen dem Blick in eine Badewanne, bemängelte kritisch die 1985 erschienene Dokumentation „Die Paramount-Story". Das Turbinenschiff „Queen Mary" kam 1936 nach sechsjähriger Bauzeit für die New-York-Route der britischen Cunard-White-Star-Line in Fahrt. Sie errang mit ihren maximal 32 Knoten das Blaue Band als schnellstes Schiff der Welt, verlor es zwischenzeitlich aber noch einmal an die „Normandie". Mit ihrer etwas plüschigen Inneneinrichtung im Stil Londoner Hotels wurde die „Queen Mary" zwar von internationalen Designern verlacht, traf damit aber gerade den Geschmack des Reisepublikums, dem das Bordleben der französischen Schiffe zu elitär und abgehoben war. Wie die etwas jüngere „Queen Elizabeth" diente der Liner als Truppentransporter im Zweiten Weltkrieg und kam danach wieder in die Nordatlantikfahrt. Den Briten galt das Schiff lange Zeit als eine Art Nationalheiligtum. Trotz der vergleichsweise schlechten Seeeigenschaften – „Queen Mary" stampfte und rollte in einer Korkenzieherbewegung - war es eines der beliebtesten Schiffe überhaupt. Weil sie sich wegen mangelnder Klimatisierung für Kreuzfahrten in südlichen Gefilden als ungeeignet erwiesen hatte, verkaufte Cunard das Schiff 1967 an die Stadt Long Beach in Kalifornien, wo es seit 1971 als Hotel und Museum dient.

Produktion: Sinatra Enterprises für Paramount. Regie: Jack Donohue. Mit Frank Sinatra, Virna Lisi, Tony Franciosa. Länge 106 Minuten.

S.O.S. Morro Castle D 1966. Dieser zweiteilige Fernsehfilm rückt den Brand des amerikanischen Luxusdampfers „Morro Castle" im Jahr 1934 in den Mittelpunkt. Auf der Reise von Havanna nach New York war der Liner in Brand geraten, 137 Menschen waren ums Leben gekommen. Es gab viele Schwerverletzte. Mehrere seltsame Umstände und Pannen begleiteten die Katastrophe. Der Kapitän wird in der Filmhandlung kurz vor Ausbruch des Feuers tot in seiner Kabine aufgefunden. Die Besatzung war wegen technischer und handwerklicher Unzulänglichkeit nicht im Stande, das Feuer zu löschen. Das Drehbuch bezieht die Seegerichtsverhandlung mit ein, mischt neben realen aber auch fiktive Elemente des historischen Ereignisses. Regie: Frank Wisbar. Mit Wolfgang Kieling, Liane Hielscher, Erich Uhland, Fritz Suppan, Antje Roosch. Länge 155 Minuten.

A Countess from Hong Kong (Die Gräfin von Hong Kong) UK 1967. Liebesromanze zwischen einer russischen Gräfin und einem amerikanischen Diplomaten während der Transpazifikreise von Hong Kong via Hawaii nach USA. Die Gräfin, die eine unmoralische Vergangenheit hat, reist als blinde Passagierin in der Kabine des Botschafters, der in Hawaii seine Ehefrau treffen will. Die Seereise erweist sich hier als die Brücke, die moralische wie gesellschaftliche Hürden zu überwinden hilft. Obwohl dieser Film nahezu komplett auf einem Passagierschiff spielt, fällt es der Regie schwer Bordatmosphäre zu erzeugen. Charles Chaplin hat hier den Schauplatz nicht im Griff, vielleicht weil es sich um einen reinen Studiofilm handelt, der nur zweimal kurz für wenige Sekunden Teilansichten des Schiffes am Kai zeigt. Die großzügigen Hallen, Säle, Treppenaufgänge und futuristisch gestalteten Kabinenkorridore im ultramodernen

Stil der 60er Jahre bleiben erkennbar Kulisse. Zu Beginn hat man als Zuschauer sogar Schwierigkeiten zu verstehen, ob die Szenerie tatsächlich schon an Bord spielt oder noch an Land. Das Foyer des Waikiki-Hotels auf Hawaii gleicht zudem dem Innendesign des Schiffes, was für zusätzliche Verwirrung sorgt. Zu viele Dialogszenen ermüden den Zuschauer, wenn sich Sophia Loren mit Marlon Brando in der Luxussuite streitet. Unentwegt knallen hier die Türen auf und zu, Personen rennen unermüdlich rein und raus. So gleicht die Inszenierung über weite Strecken einem Kammerspiel oder einer Boulevardkomödie auf kleiner Bühne. Charles Chaplin hatte die Idee zu diesem Film bereits Anfang der 30er Jahre fertig. Das Drehbuch passt stilistisch in jene Zeit, in der der Widerstreit zwischen Unmoral und Vernunft, der Gegensatz von Laster und wertkonservativem Establishment, die Wahl zwischen Liebe oder Karriere ein Erfolgsmuster für viele Filme war. 1967 wirkte die Geschichte freilich antiquiert und war nur in Italien ein großer Erfolg. Mit Marlon Brando, Sophia Loren, Tippi Hedren, Margaret Rutherford. Produktion: Jerome Epstein. Regie: Charles Chaplin. Länge 103 Minuten.

Der Kapitän D 1971. Kapitän Ebbs gibt das Kommando seines Frachtdampfers ab, um eher widerstrebend ein elegantes Kreuzfahrtschiff zu übernehmen. Es graust ihm vor dem Captain's-Dinner. Kein Fettnäpfchen lässt er aus, Mannschaft und Passagiere setzen ihm wie erwartet übel zu. Die vielversprechende Idee enttäuscht durch alberne Gags. Statt einer pointierten Komödie gleicht die Geschichte einer Aneinanderreihung gespielter Witze. Allerdings bietet die auf einem wirklichen Kreuzfahrtschiff gedrehte Komödie dem Schiffsfreund interessante Einblicke in Interieur und Ausstattung der frühen 70er Jahre. Das ist weniger eine Welt des echten Luxus als vielmehr poppige Alltagskultur für den pauschalen Tourismus. Somit spiegelt der Film den Geschmack und Zeitgeist dieser Epoche wider, in der sich das Einklassenschiff in der

Kreuzfahrt längst durchgesetzt hatte. Das steht allerdings auch im krassen Widerspruch zu der ursprünglichen Idee der Geschichte. Der Film entstand nämlich nach dem 1955 erschienen Roman des Briten Richard Gordon „Käpt'n Ebbs Seebär und Salonlöwe", der vor dem Hintergrund der gewissen Steifheit der britischen Oberschicht angelegt war. Auf dem hier gezeigten Kreuzfahrtschiff „Julia" herrscht dagegen ein Ambiente, das dem eines Kaufhausrestaurants jener Zeit gar nicht so unähnlich war. Mit drei Millionen Zuschauern war „Der Kapitän" dennoch einer der erfolgreichsten deutschen Kinofilme jener Jahre und 1973 Gewinner der „Goldenen Leinwand". Dazu trug auch die Musik von James Last bei. Produktion: Terra. Regie: Kurt Hoffmann. Mit Heinz Rühmann, Johanna Matz, Horst Janson, Horst Tappert. Länge 93 Minuten.

Poseidon-Inferno (Die Höllenfahrt der Poseidon) USA 1972. Seitdem die „Queen Mary" in Long Beach quasi vor den Toren Hollywoods verankert liegt, war sie Drehort unzähliger Kino- und TV-Produktionen, die oft nur für wenige Sequenzen die nostalgische Kulisse eines früheren Passagierdampfers brauchten. Dieser Katastrophenfilm wurde tricktechnisch erst durch James Camerons „Titanic" übertroffen. Er zeigt viele Räume und Decks der Queen. Für die Flutszenen wurde soviel Wasser benötigt, dass die Versorgung im Bezirk des Studios unterbrochen werden musste. Die „Poseidon" ist ein alter Atlantikdampfer auf der Route von New York ins Mittelmeer. Der Liner hat Kreta passiert, als ein Seebeben eine gewaltige Welle auslöst, die die „Poseidon" umwirft. Kieloben treibt das Schiff auf der See, während das Wasser langsam die Luft aus dem Rumpf heraus drückt und ein Deck nach dem anderen flutet. Eine Gruppe Überlebender versucht sich nun in die Wellentunnel der Schrauben zu flüchten. Hier ist der Stahl am dünnsten und Rettung am wahrscheinlichsten. Zwei Drittel des Films über steht das Schiff Kopf. Die Überlebenden flüchten durch Kombüse, Lüftungen, Schornsteinschacht und

Maschinenraum. Der Zuschauer erlebt die technische Welt eines Schiffes. Das Drehbuch folgt weitgehend der Romanvorlage, deren Hauptperson ein Priester ist. Dieser führt die Gruppe während der Rettung an. Damit erhält die Geschichte einen biblischen Symbolcharakter. Wer für den festen Glauben an Gott eintritt, auch wenn die Lage hoffnungslos erscheint, der wird auch errettet. Produktion: 20th Century Fox/ Irwin Allen. Regie: Ronald Neame. Mit Gene Hackman, Ernest Borgnine, Red Buttons, Carol Lynley, Stella Stevens, Shelly Winters. Länge 117 Minuten.

Juggernaut (18 Stunden bis zur Ewigkeit) UK 1974. Einer der besten Filme, die jemals auf einem Passagierschiff entstanden, ist dieser atemberaubende Thriller über eine Bombendrohung auf dem fiktiven Atlantikliner „Britannic". Sämtliche Bordszenen wurden auf der „Hamburg" (später die dritte „Hanseatic") gedreht, kurz bevor diese 1974 als „Maxim Gorky" für die sowjetische Staatsreederei in Fahrt kam. Eingeflogene Sprengstoffexperten müssen gleich eine ganze Serie von Bomben des gleichen Typs entschärfen, die in gewöhnlichen Fässern eingebaut, im Maschinenraum unterhalb der Wasserlinie deponiert sind. Zu allem Unglück zieht auch noch ein schwerer Sturm auf, der das Ausbooten der Passagiere unmöglich macht. In London beginnt unterdessen die Jagd nach Juggernaut, dem Erpresser. Dokumentarisch echt wirkende Dramatik. Die einzige Produktion überhaupt, die alle Schiffsszenen tatsächlich an Bord realisierte. Die „Hamburg" war als Linien- und Kreuzfahrtschiff der Deutschen Atlantik-Linie 1969 in Fahrt gekommen und der erste wirkliche Neubau eines Übersee-Passagierschiffs für eine westdeutsche Reederei nach dem Krieg. Alle bis dahin in Fahrt gekommenen Passagierschiffe waren Ankäufe älterer Liner aus dem Ausland gewesen. Sie war neben der zweiten „Hanseatic" das dritte Schiff für die 1958 gegründete Reederei. Nachdem die „Hanseatic aus Rentabilitätsgründen verkauft werden musste, wurde die „Hamburg“ zur dritten „Hanseatic“. Nach Insolvenz wurde das Schiff 1973 an die sowjetische Staatsreederei verkauft und kam 1974 als „Maxim Gorkij“ in Fahrt. Vermarktet wurde dieses Schiff weiterhin vorrangig in Westdeutschland und war eines der beliebtesten Schiffe bei deutschen Seereisenden. Produktion Richard Allan / Simmons Production. Regie: Richard Lester. Mit Richard Harris, David Hemmings, Omar Sharif, Anthony Hopkins. Länge 110 Minuten.

Adventures of the Queen (USA 1975) In diesem auf der „Queen Mary“ gedrehten TV-Thriller ist das Schiff durch einen drohenden Terroranschlag ebenso in Gefahr wie die Millionäre an Bord. Es droht die vollkommene Zerstörung. Eine der Hauptrollen spielt hier Gloria Stuart, die ihre Karriere in den 30er Jahren in Revue-Filmen begründete und 1997 in „Titanic“ die 100jährige Rose verkörperte. Produktion: Irwin Allen. Regie: David Lowell Rich. Drehbuch: John Gay. Mit Ralph Bellamy, Sorrell Brooke, Paul Carr, Steven Marlo, Gloria Stuart.

Troubled Waters (Traumschiff des Todes) USA 1975. Inspektor Columbo macht Urlaub und reist mit dem Schiff in die Karibik. Auf seinem Luxusdampfer wird jedoch die Sängerin der Bordkapelle während einer Konzertpause ermordet. Unter den Passagieren ermittelt Columbo schnell einen Verdächtigen. Doch hat der ein wasserdichtes Alibi. Columbo glaubt ihm nicht. Dieser TV-Film aus der Columbo-Reihe wurde 1975 mit einigen Originalszenen auf einem Passagierschiff – vermutlich der Venture-Klasse von Norwegian Cruisehips gedreht. Norwegische Reedereien dominierten in den 70er Jahren den US-Markt in der Karibik mit zahlreichen modernen, weitgehend baugleichen Kreuzfahrtschiffen. Produktion: Universal. Regie: Ben Gazzara. Mit Peter Falk, Robert Vaughn, Poupee Bocar, Dean Stockwell, Patrick McNee, Jane Greer. Länge 93 Minuten.

Zur See DDR 1974 bis1976. In neun Episoden gedrehte TV-Serie des DDR-Fernsehens, die das Bordleben einer Schiffsbesatzung der Handelsflotte im sozialistischen Alltag schildert. Dabei kombiniert die Reihe spannende Geschichten mit dem Privatleben der Besatzungsmitglieder und vor dem Hintergrund ferner Häfen. Filmhistorisch interessante da realistische Umsetzung auf dem Passagier- und Kombischiff „J.G. Fichte". Dieses Passagierschiff mit Frachtkapazität war 1950 als „Claude Bernard" für die französische Reederei Cie. Des Chargeurs Reunis in Le Havre für die Linie nach Buenos Aires in Fahrt gekommen. 1962 hatte es die VEB Deutsche Seerederei in Rostock angekauft. Mit Horst Dindra. Mikaela Kreißler, Günter Naumann, Jürgen Zartmann, Rolf Hoppe. Neun Folgen zu je 60 bis 75 Minuten Länge.

Love Boat USA 1976 bis 1986 sowie 1990 und 1998 bis 1999. Titel von zunächst drei Fernsehfilmen sowie der anschließenden TV-Serie, die in zehn Staffeln und 249 Episoden produziert wurde. Das Kreuzfahrtschiff „Pacific Princess" kreuzt darin über die Weltmeere mit Passagieren, die Liebe suchen und an Liebe leiden. Ein TV-Konzept, das sich vorrangig an das weibliche Publikum richtete. Weitestgehend eine Studioproduktion, die zwar in Dauerkulissen hergestellt wurde, aber mit zu der großen Popularität der Kreuzfahrt in den USA beitrug. Bisweilen sind Bordaufnahmen und Detailaufnahmen verschiedener Kreuzfahrtschiffe mit eingeschnitten, in erster Linie jedoch von der „Pacific Princess". Die Serie bot in jeder Folge einen Gaststar, darunter große Hollywood-Legenden wie Douglas Fairbanks junior, Lana Turner, Gene Kelly, Joan Collins, Elke Sommer, Luise Rainer, Lilli Palmer, Yvette Mimieux. Nachdem die Serie 1986 eingestellt worden war, gab es später noch Nachfolgeproduktionen unter dem gleichen Titel. Die „Pacific Princess" war 1971 als „Sea Venture" für die Norwegian Cruiseships A/S Oslo in Fahrt gekommen und kam 1974 an die Londoner P&O Line. Mit rund 20000 Bruttoregistertonnen Größe und einer Länge von 168 Metern war dieses 21,5 Knoten schnelle Schiff für 767 Passagiere in einer Klasse ausgelegt und damit typisch für die Konzeption von neu gebauten Kreuzfahrtschiffen der 70er Jahre. Bauwerft waren die Rheinstahl Nordseewerke in Emden. Diese Epoche wurde in der Karibikkreuzfahrt besonders von norwegischen Gesellschaften beeinflusst. Produktion: Aaron Spelling. Mit Gavin MacLeod, Lauren Tewes, Bernie Kopell, Fred Grandy.

Voyage of the Damned (Reise der Verdammten) USA/UK 1976. Das Schicksal der 937 Passagiere jüdischer Herkunft, die am 13. Mai 1939 auf dem deutschen Atlantikliner „St. Louis" der Hapag nach Havanna auswandern wollten, dort aber ebenso abgewiesen wurden wie von den USA. Erst Mitte Juni entschlossen sich einige europäische Länder die Flüchtlinge aufzunehmen. Recht nah an den historischen Fakten inszeniertes Drama. Das Schiff, letzte Gelegenheit der Verfolgung zu entgehen, erweist sich als Falle. Dieses Ereignis gilt als eines der großen politischen Versäumnisse der westlichen Welt, dem Holocaust im Vorfeld Einhalt zu gebieten. Das Motorschiff „St. Louis" der Hapag war 1929 für die Linie von Hamburg nach New York in Fahrt gebracht worden. Am 17. Juni 1939 konnten die Passagiere in Antwerpen von Bord gehen. „St. Louis" war während des Krieges Wohnschiff der Kriegsmarine in Kiel. Dort wurde der Liner 1944 nach einem Bombenangriff beschädigt. Von 1946 bis 1950 diente das Schiff als Hotel in Hamburg und wurde 1952 in Bremerhaven verschrottet. Produktion: Associated General. Regie: Stuart Rosenberg. Mit Faye Dunaway, Max von Sydow, Oskar Werner, Orson Welles, Maria Schell. Länge 150 Minuten.

Death on the Nile (Tod auf dem Nil) UK 1977. Eine schöne Erbin und Dame der Gesellschaft tut ihrer besten Freundin den Gefallen, deren arbeitslosen Verlobten als Gutsverwalter zu beschäftigen. Doch schnell verlieben sich die beiden. Die in den Skandalblättern groß angekündigte Hochzeitsreise nach Kairo nutzt nicht nur die verprellte Freundin für einen scheinbaren Rachefeldzug, sondern ruft auch noch ein Dutzend anderer Menschen auf den Plan, die eine offene Rechnung mit der selbstgerechten Millionärin zu begleichen haben. Während der Flusskreuzfahrt auf dem Nil wird sie ermordet. Die sorgfältig nach dem Roman von Agatha Christie inszenierte Geschichte ist einer der wenigen Filme geblieben, der die Landgänge einer Kreuzfahrt als Chance für den systematischen Aufbau des Spannungsbogens nutzt und den Tagesablauf einer Schiffsreise geschickt mit der Mordgeschichte verwebt. Die in den 30er Jahren spielende Story wurde auf einem nostalgischen Nildampfer gedreht. Regie: John Guillermin. Mit Peter Ustinov, Jane Birkin, Mia Farrow, Bette Davis, Angela Lansbury, David Niven. Länge 140 Minuten.

Jagd auf die Poseidon USA 1978. Der durchgekenterte Luxusdampfer Poseidon steht in diesem mit Stars besetzten Film erneut oder besser gesagt, immer noch Kopf. Eine Gruppe Terroristen, wie auch eine andere Mannschaft an Plünderern verschaffen sich Zugang über den Rumpf des gekenterten Schiffes. Im Laderaum befinden sich Plutonium und Waffen. Beide Gruppen treffen auf Überlebende, die auf Rettung hoffen. Doch die Plutonium-Diebe wollen keinen entkommen lassen. Vom technischen Aufwand her nicht mehr ganz so packend wie das Original von 1972. Regie: Irvin Allan. Mit Karl Malden, Telly Savalas, Sally Field, Michael Caine. Länge 110 Minuten.

S.O.S Titanic UK/USA 1979. Bewusst unspektakulär inszenierte Variante, die das Schicksal von Personen der ersten, zweiten und dritten Klasse parallel aber unabhängig voneinander erzählt. Von allen Titanic-Filmen liefert dieser die authentischsten Charaktere und das überzeugendste Zeitkolorit. Das Lexikon des internationalen Films lobt: „In der Schilderung der Unglücksfahrt zurückhaltender Katastrophenfilm, der durch glaubhafte Figuren, gepflegte Dekors und eine professionell geführte Kamera zu unterhalten vermag." Der TV-Film kam in einer um 40 Minuten gekürzten Fassung in einigen Ländern auch in die Kinos. Produktion: Argonaut/ Roger Gimpel Prod.. Regie: Billy Hale. Mit Davis Janssen, Cloris Leachman, Susan Saint James, David Warner, Ian Holm. Länge 140 Minuten/97 Minuten.

Love Boat Angels (Abenteuer in der Karibik) USA 1979. Abendfüllendes Special aus der Reihe „Drei Engel für Charlie". Die drei Detektivinnen wollen einen Kunstraub aufklären und folgen dem Täter auf ein Kreuzfahrtschiff. Produktion: ABC/Spelling-Goldberg. Regie: Allen Baron. Mit Shelley Hack, Jaclyn Smith, Cheryl Ladd, David Doyle, Bo Hopkins. Länge 93 Minuten.

Die Rache des Kapitän Mitchell DDR 1979. Handwerklich solides und spannend inszeniertes Drama nach Motiven von Bertolt Brecht um den Kapitän eines britischen Luxusdampfers, der nach der Kollision mit einem Frachter Passagiere und Schiff in vorbildlicher Weise rettet. Dennoch werden ihm nach der Rückkehr schwere Vorwürfe gemacht. Raffinierte Kritik an der Gewinnmaximierung des Kapitalismus. Szenen, die Außenbordanlagen, Promenade und Bootsdeck zeigen, deuten auf das Ausbildungsschiff „Georg Büchner", das 1951 als Linienpassagierschiff „Charlesville" für die Compagnie Maritime Belge SA in Fahrt kam. Produktion: Defa. Regie: Christa Mühl. Mit Dieter Mann, Swetlana

Schönfeld, Walfriede Schmitt, Ekkehard Schall, Wolfgang Heinz. Länge 98 Minuten.

French Atlantic Affair (Victor Charlie ruft Sierra Lima) USA 1979. Der Führer einer Sekte bringt das mit 3000 Gästen besetzte Kreuzfahrtschiff in seine Gewalt und fordert ein hohes Lösegeld. Auf der 1977 in Dienst gestellten „Festivale" der Carnival Cruise Line gedreht. Die Spielzeugfunkgeräte von zwei Kindern erweisen sich als segensreich, weil sie für die Passagiere die einzige freie Verbindung zur Außenwelt darstellen. Nach dem Roman French Atlantic Affair von Ernest Lehman. Bei der „Festivale" handelt es sich um die 1961 gebaute „Transvaal Castle" der Londoner Union Castle Line. Sie war bis 1977 im Liniendienst von Southampton nach Durban in Südafrika im Einsatz. Regie: Douglas Heyes, Mit Telly Savalas, Horst Buchholz, Stella Stevens, Shelley Winters. Länge 278 Minuten.

Raise the Titanic (Hebt die Titanic) UK 1980. Nach dem gleichnamigen Bestseller von Clive Cussler um dessen Serienhelden, den Marinetaucher Dirk Pitt, entstanden. An Bord des Wracks der Titanic soll sich ein seltenes kernwaffenfähiges Material befinden. Es entspinnt sich ein Wettkampf um die Bergung vor dem Hintergrund der atomaren Aufrüstung. Die schon unglaubwürdige Handlung der Romanvorlage wurde nach der Entdeckung des Wracks 1988 und dem Ende des Kalten Krieges von der Wirklichkeit vollends überholt. Spektakulär wirkt das tricktechnisch überzeugende Abenteuer dennoch. Die „Titanic" schießt hier praktisch nahezu unbeschädigt aus der Tiefe des Ozeans an die Oberfläche. Produktion: Associated Film Distribution/ ITC. Regie: Jerry Jameson. Mit Jason Robards, Richard Jordan, David Selby, Anne Archer, Alec Guinness. Länge 109 Minuten.

Slow Boat to Madness (Kreuzfahrt in den Tod) USA 1980. Gerichtsmediziner Quincy macht Urlaub auf einem Kreuzfahrtschiff. Immer mehr Passagiere erkranken an einem nicht identifizierbaren Erreger. Nach Todesfällen droht eine Epidemie auf dem Schiff. Es darf keinen Hafen mehr anlaufen. Abendfüllende Folge aus der bekannten TV-Serie Quincy. Realistisch und glaubhaft auf einem Karibik-Liner gedreht. Produktion: Universal. Regie: Daniel Haller. Mit Jack Klugman, Diana Muldaur, Robert Ito. Länge 92 Minuten.

Goliath Awaits (Goliath – Sensation nach 40 Jahren) USA 1981. Eine Expedition von Tauchern entdeckt 40 Jahre später den mit Ausbruch des Zweiten Weltkriegs von einem deutschen U-Boot versenkten britischen Transatlantikliner „Goliath". Von den 1.860 Passagieren an Bord haben rund 300 in einer Luftblase überlebt. Auf dem Grunde des Ozeans haben sie sich in dem Wrack ein Habitat geschaffen. Es gelang ihnen nach dem Untergang, wesentliche Aggregate in Betrieb zu halten und eine Sauerstoffversorgung zu gewährleisten. Sie und ihre Nachfahren glauben, der Krieg sei noch immer nicht vorbei. Nur gegen Widerstände gelingt es den Tauchern, die Bewohner davon zu überzeugen, ihr Gefängnis aufzugeben. Der Film wurde zu großen Teilen an Bord der „Queen Mary" gedreht und zeigt viele Details aus den Gesellschaftsräumen. Diese TV-Produktion kombiniert Ideen früherer populärer Romane und Filme und schafft eine Faszination, die auch von morbidem Charme lebt. Regie und Drehbuch bedienen sich der Verklärung der Atlantik-Linienschifffahrt und der goldenen Zeit der eleganten Ozeanriesen der 30er Jahre. Produktion: Hugh Benson. Regie: Kevin Connor. Mit Mark Harmon, Robert Forster, Christopher Lee, Eddie Albert, Alex Cord, Emma Samms, Frank Gorshin, Jean Marsh, John Carradine. Länge 210 Minuten.

Das Traumschiff D 1981 bis 2013. Seit 30 Jahren bis in die Gegenwart in bislang 69 Episoden produzierte Serie des ZDF, die im Gegensatz zum früheren Vorbild, der US-Serie „Love Boat“, ausschließlich auf Passagierschiffen während realer Kreuzfahrtreisen gedreht wird. Dabei rücken die Landgänge und die Zielgebiete der Reisen in den Mittelpunkt und werden in die Geschichten und Handlungsabläufe elegant mit einbezogen. Die Serie verdankt ihre Popularität auch den attraktiven Reisebildern. Schauplatz waren bislang die Kreuzfahrtschiffe „Vistafjord“, „Astor“, „Berlin“ und „Deutschland“. Die Serie hat wesentlichen Anteil an der wachsenden Popularität der Kreuzfahrt unter Reisenden in Deutschland. Die Drehbücher variierten dabei geschickt viele beliebte und althergebrachte Handlungsmuster, von scheinbar Sterbenskranken, die nur Opfer von Fehldiagnosen geworden sind, Heiratsschwindlern, Hochstaplern, Erbschleichern, Falschspielern und Ehebrechern. 2007 startete bislang in 17 Episoden die auf der „Deutschland“ gedrehte Spielfilmreihe „Kreuzfahrt ins Glück“. All diese Reihen thematisieren die Kreuzfahrt im klassischen Stil, bilden das Schiff als Refugium einer gehoben bürgerlichen Welt ab. Dies entspricht auch dem Selbstverständnis der Deilmann Reederei, auf deren Schiff „Deutschland“ die Serie entsteht. Sie wirbt gezielt mit einem Reiseflair im klassisch konservativen Sinne im Gegensatz zum Pauschalreisecharakter auf den Mega-Linern zahlreicher Konkurrenzgesellschaften. Der Höchstanspruch an Hotelservice spiegelt sich wider in Lebenswandel und Weltanschauung der Reisenden. Das Schiff wird zum repräsentativen Ort und zur Schaubühne erfolgreicher Biographien. Die Serie bildet dabei aber auch die Restauration und die Rückkehr althergebrachter gesellschaftlicher Werte ab, die seit vielen Jahren in Teilen der bundesdeutschen Gesellschaft zu beobachten sind. Dies äußert sich über Umgangsformen, Kleidung, Bildungsanspruch, Leistungsbereitschaft und Tischkultur und verweist auf eine Verfestigung gehoben bürgerlicher Ideale. Allerdings ergab sich dieser Rahmen auch vor dem Hintergrund des Bordlebens der Schiffe, auf denen die Serie entstanden ist. In der Abfolge führte die Serie hin zu allen denkbaren Destinationen und Routen und stellt in der Gesamtheit beinahe ein dokumentarisch wirkendes Zeitdokument zum Seetourismus dar. Die Reeder von „Vistafjord", „Astor", „Berlin" und „Deutschland" vermarkteten und vermarkten ihre Schiffe nach dem Konzept der Traditionskreuzfahrt, in der das Bordleben von formeller Kleidung, Kapitänstisch und festen Tischzeiten geprägt blieb. Die 1973 für Den Norske Amerikalinje fertig gestellte „Vistajord", das erste Schiff der Serie, war eines der letzten für den Liniendienst nach New-York gebauten Schiffe. Im Gegensatz zu vielen anderen in jener Zeit in Fahrt gebrachten Kreuzfahrtschiffen hatte sie noch die typische Linienführung und Bugform eines klassischen Liners und entsprach dem Erscheinungsbild der 50er und 60er Jahre. Zur Zeit der Traumschiff-Reihe gehörte „Vistafjord" Norwegian American Cruises. 1983 wurde sie an die Cunard Line verkauft. Produktion: Wolfgang Rademann. Mit Siegfried Rauch, Heide Keller, Horst Naumann, Sascha Hehn. Gaststars: Joachim Fuchsberger, Maria Schell, Heinz Sielmann, Harald Schmidt, Gila von Weitershausen. Länge je 90 Minuten.

Death Ship Kanada/UK 1982. Ein alter deutscher Dampfer aus der Nazizeit treibt unbemannt und von Geisterhand gesteuert durch die Karibik. Auf der Suche nach einem neuen Kommandanten rammt der Seelenverkäufer immer wieder Kreuzfahrtschiffe, um sie zu versenken und Überlebende an Bord zu nehmen - die dann auf bizarre Weise zu Tode kommen. Zu spät merken die Passagiere, dass in den Fracht- und Kühlräumen Leichen von KZ-Opfern ruhen und das Schiff darauf aus ist, immer weiter Menschen zu töten, sich damit selbst am Leben erhalten will. Scheinbar speisen die toten Menschen die Maschinen. Der Plot löst nicht alle Rätsel. Streckenweise unzumutbar – gerade aus deutscher Sicht geschmacklos – aber mit schönen Nachtaufnahmen beleuchteter Cruise-

Liner sowie ihres Bordlebens und packenden, recht aufwendig inszenierten Untergangsszenen. „Spannender Schocker“ (Heyne Film-Lexikon). Dieser Film markiert einen cineastischen Wendepunkt in der Thematisierung der modernen Kreuzfahrt und einen Genrewechsel hin zum bizarren Horror. Regie: Alvin Rakoff. Mit George Kennedy, Richard Crenna, Kate Reid. Länge 90 Minuten.

Fellinis Schiff der Träume I/F 1983. Im Stil einer surrealistischen Oper inszenierter, theatralischer Studio-Film mit opulenter und sehr artifizieller Bildgestaltung. Ein italienischer Luxusdampfer kollidiert 1914 mit einem österreichischen Panzerkreuzer. Skurrile Menschen diametral entgegen gesetzter Milieus treffen in grotesken Situationen aufeinander. Ein Gleichnis um die Selbstgefälligkeit und Blindheit der dekadenten Oberschicht, die hineinführen in den Untergang ganzer Gesellschaften; ein Lieblingsthema von Filmautoren. Das Ergebnis gleicht jedoch einer Variation des Titanic-Mythos. Produktion: RAI/ Gaumont/ Antenne 2. Regie: Federico Fellini. Mit Freddie Jones, Barbara Jefford, Norma West, Peter Cellier. Länge 128 Minuten.

Trans-Atlantique CH 1983. Während einer Südatlantikreise von Genua nach Rio verliebt sich ein Ethnologe und Amazonas-Forscher in eine schöne Brasilianerin. Sich ihrer unterschiedlichen Herkunft bewusst werdend vollzieht sich ein Wandel ihrer Wertvorstellungen und Lebensentwürfe. Plötzlich fesselt den Forscher nicht mehr die Aussicht auf sein Projekt in Brasilien, sondern er entdeckt die Faszination in den Lebensgeschichten mehrerer Mitreisender. Die Seereise ist hier Symbol für den Weg zur inneren Selbsterkenntnis. Ähnlich wie in Sutton Vanes berühmter Geschichte „Outward bound“ ist das Schiff hier Raum einer Zwischenzeit, die Gelegenheit zur Metamorphose bietet. Aber auch das Muster bekannter Filme, die auf Flussbooten spielen, wie „L’Atalante“

oder „African Queen“ kommen einem in den Sinn. Am Ende nämlich lässt der Film das Verhältnis des Ethnologen zu der Brasilianerin offen. Dies lenkt das Augenmerk des Zuschauers auf den Verlauf der Reise. Der Weg ist das Ziel. Der Film spielt während der letzten regulären Transatlantikreise des italienischen Linienschiffes „Eugenio Costa“, das danach als Kreuzfahrtschiff auch unter deutschen Reisenden sehr beliebt war. Das sehr schnelle Turbinenschiff „Eugenio Costa“ war einer der größten Neubauten in der Passagierschifffahrt der 60er Jahre. Sie hatte ein stromlinienförmiges, aerodynamisches Design und zwei charakteristische, parallel angeordnete Abgaspfosten im Heck. Sie kam 1966 für die Linie von Genua nach Buenos Aires in Fahrt. Auch für die Kreuzfahrt war sie ein ideales Schiff. „Eugenio Costa“ verfügte über sehr viel freie Deckfläche, mehrere umlaufende Promenaden und fünf abfallende Heckterrassen. Produktion: Ariana/ Limbo/ SRG. Regie: Hans-Ulrich Schlumpf. Mit Zaira Zambelli, Roger Jendly, Renate Schroeter, Balz Raz. Länge 109 Minuten.

Appointment with Death (Rendezvous mit einer Leiche) USA 1988. Agatha-Christie-Verfilmung um eine reiche amerikanische Erbin, die mit ihren Stiefkindern eine Mittelmeerkreuzfahrt unternimmt und während eines Landganges ermordet wird, nachdem sie selbst einen fehlgeschlagenen Mordversuch auf dem Schiff unternommen hat. Detektiv Hercule Poirot löst den Fall. Diese in den 30er Jahren spielende Geschichte besticht durch ihre Eleganz, Kostüme und Dekorationen - gerade auch in den stimmungsvollen Bordszenen und den zeittypischen Interieurs. Zu sehen ist ein Modellschiff, das einem der Kreuzfahrtschiffe der deutschen Hapag sehr ähnlich sieht und auch dessen Farben trägt, weißer Rumpf und gelbe Schlote mit schwarz-weiß-roten Toppen. Vorbild ist hier die „Milwaukee“. Das 1929 für die Linie von Hamburg nach New York in Fahrt gekommene Motorschiff verkehrte in den Jahren vor dem

Zweiten Weltkrieg als Kreuzfahrtschiff im östlichen Mittelmeer, in deren Mittelpunkt antike Stätten und das Heilige Land standen. Neben „Tod auf dem Nil", die einzige verfilmte Geschichte, die die Landgänge einer Kreuzfahrt dramaturgisch geschickt für den Spannungsbogen ausnutzt. Regie: Michael Winner. Mit Peter Ustinov, Piper Laurie, Lauren Bacall, Carrie Fisher, John Gielgud, Jenny Sieagrove. Länge 96 Minuten.

Ostatni Prom (Die letzte Fähre) Polen 1989. Als Kurier der verbotenen Gewerkschaft Solidarnosc will ein Lehrer im Herbst 1981 geheime Dokumente auf einem polnischen Passagierschiff außer Landes schmuggeln. Die Geheimpolizei ermittelt bereits gegen ihn und befindet sich mit an Bord. Dazwischen werden die Lebensläufe zahlreicher Emigranten deutlich, die aus unterschiedlichen gesellschaftspolitischen Gründen ihr Heimatland verlassen. Produktion: Zespoly Polskich. Regie: Waldemar Krzystek. Mit Krzysztof Kolberger, Agnieszka Kowalska, Dorota Segda. Länge 87 Minuten.

The Highjacking of the Achille Lauro USA 1989. Am 7. Oktober 1985 kaperten vier Terroristen während der zwölftägigen Kreuzfahrt im Mittelmeer das italienische Kreuzfahrtschiff „Achille Lauro", um 50 inhaftierte Gesinnungsgenossen freizupressen. Die Entführung geschah, während das Schiff von Alexandria nach Port Said überführt wurde. Die Mehrzahl der Passagiere, darunter viele US-Bürger, befand sich auf einem ausgedehnten Landgang. Nur 80 Passagiere waren mit der Besatzung an Bord geblieben. Um ihrer Forderung Nachdruck zu verleihen, richteten die Entführer den gelähmten, jüdischen Urlauber Leon Klinghoffer aus New York durch Kopfschuss hin und ließen seine Leiche über Bord werfen. Das Ereignis löste weltweit Bestürzung aus. Es zeigte, wie einfach es einer kleinen Gruppe gelingen konnte, ein großes Schiff in die Gewalt zu bringen. Das Ereignis der dreitägigen Entführung wurde weltweit von den

Medien begleitet. Weil die „Achille Lauro“ als beliebtes Kreuzfahrtschiff in Dienst blieb, bot sich die Geschichte für zwei Spielfilme an, die 1989 und 1990 mit Originalaufnahmen vom Schiff realisiert wurden. Im Mittelpunkt steht dabei das Schicksal des Leon Klinghoffer. Regie: Robert E. Collins. Mit Karl Malden, Lee Grant Vera Miles.

Voyage of Terror / The Achille Lauro Affair (Die Entführung der Achille Lauro) I/F/D/USA 1990. Internationale Koproduktion um die Entführung des italienischen Kreuzfahrtschiffes „Achille Lauro“ im Oktober 1985, die für das Fernsehen in zwei Teilen produziert wurde. Das Passagierschiff „Achille Lauro“ war 1939 als Linienschiff „Willem Ruys“ für die niederländische Südostasienfahrt und die Linie nach Indonesien gebaut worden. Es wurde 1965 an die italienische Reederei Lauro verkauft und aufwendig für Kreuzfahrten umgebaut. Dabei erhielt es zwei auffällige, sehr hohe Schornsteine mit Stummelflügeln, die die Rauchgasentwicklung auf den Sonnendecks mindern sollten. Die Gliederung von Promenaden und Deckterrassen ließen das Schiff ultramodern aber auch deutlich größer erscheinen, als es tatsächlich war. Es bestimmte lange Zeit mit dem Konkurrenzschiff „Eugenio Costa“ das moderne Bild der italienischen Kreuzfahrtbranche in den 60er, 70er und 80er Jahren. „Achille Lauro“ war ein beliebtes und ausgesprochen attraktives Schiff, dessen Reisen auch in Deutschland vermarktet wurden. Ende November 1994 geriet der Liner noch einmal weltweit in die Schlagzeilen, als es während einer Reise im Indischen Ozean nach einem Brand im Maschinenraum kenterte, dank der Hilfe naher Schiffe evakuiert werden konnte und am 2. Dezember 1994 sank. Regie: Alberto Negrin. Mit Burt Lancaster, Eva Marie Saint, Renzo Montagnani, Dominique Sanda, Joseph Nasser. Länge 180 Minuten.

Fähre in den Tod D 1996. Das Fährschiff „Castor" kentert während einer Sturmfahrt von Norwegen nach Deutschland. Nur wenige Passagiere überleben. Dieser Film, der im Hafen von Esbjerg auf einer dänischen Fähre entstanden ist, nimmt sich das Unglück der Fähre „Estonia" im Jahr 1994 zum Vorbild. Im Mittelpunkt der Handlung steht jedoch nicht die Unglücksnacht an sich. Es geht um die anschließende Aufarbeitung und die Suche nach der Ursache. Produktion: Sat1. Regie: Heiner Carow. Mit Sebastian Koch, Herb Andress, Klaus J. Behrendt, Lisa Kreuzer, Julia Richter, Alexander Faulhaber. Länge 102 Minuten.

Titanic USA 1996. Mit vielen Stars sehr aufwendig und detailreich gestaltete TV-Verfilmung, die sowohl menschliche Schicksale recht nah am Zeitgeist der Epoche schildert, aber auch passable und packende Trickszenen bietet, die am Computer entstanden sind. Eine sehr sehenswerte und überzeugende Alternative zu James Camerons nahezu zeitgleich realisiertem Projekt, die den Vergleich nicht scheuen muss. Produktion: Konigsmark-Sanitzky. Regie: Robert Lieberman. Mit Peter Gallagher, George C. Scott, Catherine Zeta Jones, Eva Marie Saint, Tim Curry. Länge des Originals: 173 Minuten. Deutsche TV-Fassung: 126 Minuten.

Titanic USA 1997. James Cameron orientierte sich an den bei Tauchfahrten gewonnenen Erkenntnissen über die letzten Minuten des Untergangs, während derer der Rumpf auseinander brach. Der Film entwirft als einziger Titanic-Film ein kinematographisch spektakuläres Szenario über das Schicksal der 1.500 Menschen, für die kein Rettungsboot vorhanden war, und vielfältige Schreckensbilder, wie die Opfer wohl während der letzten 20 Minuten zu Tode kamen. Der bis dahin teuerste und erfolgreichste Film aller Zeiten, für den die Titanic in nahezu Originalgröße in einem See nachgebaut wurde, besticht durch technische Genauigkeit und Rekonstruktion kleinster Details der Aufbauten und der Innenarchitektur. Mehr als in den vorangegangenen Versionen wird hier mit faszinierender Akkuratesse Etikette und Tischkultur jener Epoche nahe gebracht. Viel Kritik erntete der Film jedoch für die Handlung und ihre klischeehaften Charaktere – reine Schöpfungen der Phantasie. Reale Figuren tauchen allerdings in Nebenrollen auf. Produktion: 20thCentury-Fox/ Paramount. Regie: James Cameron. Mit Kate Winslet, Leonardo DiCaprio, Billy Zane. Länge 194 Minuten.

La Leggenda del Pianista sull' Oceano (Die Legende vom Ozeanpianisten) I/F 1998. Auf dem Luxusdampfer entdeckt im Jahr 1900 ein Heizer das Findelkind und zieht es im Maschinenraum auf. Der Junge wird ein Leben lang an Bord bleiben. Nach dem Tod des Heizers entwickelt der Junge Liebe zur Musik und wird schließlich Pianist im Ballsaal des Schiffes. Er weigert sich jedoch, den Dampfer überhaupt einmal zu verlassen. Als der Liner schließlich außer Dienst gestellt wird und gesprengt werden soll, erscheint auch das Schicksal des Pianisten besiegelt. Das Schiff symbolisiert hier das Gehäuse von Sicherheit. Die Stadt New York erscheint dem Pianisten feindlich, weil er die Grenzen ihrer Ausdehnung von Bord des Schiffes aus niemals erfassen kann. Nach Sutton Vanes Geschichte „Zwischen den Welten" ist dies die außergewöhnlichste Umsetzung eines Stoffes für ein Hochseepassagierschiff. Das Drehbuch nutzt das Bild vom pendelnden Atlantikliner symbolisch für ein äußerst metaphorisches Epos. Der Pianist und seine Musik verschmelzen mit dem Dampfer. Der Film wirft Fragen auf nach dem Sein, dem Zusammenhang von Identität, Herkunft und Heimat, was Menschen wichtig ist und was sie aufzugeben bereit sind. Die aufwendigen Bauten für diesen Film zeigen die Silhouette eines Ozeanriesen, Schornsteine und Promenadendecks, die an einen der Liner der Reederei Navigazione Generale Italiana aus Genua erinnern. „Duilio Cesare" und „Giulio Cesare" kamen

1922 und 1923 auf der Route von Genua nach New York in Fahrt. Für die Zeit, in der die Geschichte beginnt, nämlich im Jahr 1900, ist das gezeigte Schiff jedoch zu modern ausgefallen. Im Jahr 1900 hatte Italien kein Schiff dieser Größe. Auf einigen Filmplakaten wird sogar die „Queen Mary" gezeigt, was vollends für Verwirrung sorgt. Unkorrekt ist auch das bevorstehende Schicksal des Liners. Schiffe wurden nie gesprengt sondern abgewrackt, Teil für Teil auseinandergenommen. Buch und Regie: Giuseppe Tornatore. Mit Tim Roth, Pruitt Taylor Vince, Melanie Thierry, Bill Nunn, Peter Vaughan. Länge 156 Minuten. Deutsche Fassung 120 Minuten.

Voyage of Terror (Die Schreckensfahrt der Orion Star) USA/D 1998. TV-Remake der Quincy-Folge von 1980 um eine Virusepidemie auf dem Kreuzfahrtschiff „Orion Star". Nachdem schon 100 Passagiere an dem rätselhaften Erreger gestorben sind, hindert die amerikanische Regierung mit Hilfe der Navy den Ozeanriesen am Einlaufen. Intrigante Berater der US-Regierung nutzen die Krise, um dem Präsidenten eine politische Fehlentscheidung aufzuzwingen. Nachdem das Maschinenpersonal die Quarantäne durchbrechen will und zur bewaffneten Meuterei schreitet, soll der Präsident den Befehl zum Versenken geben. Ein U-Boot feuert drei Torpedos ab, die nur in letzter Sekunde deaktiviert werden können. Einer Ärztin an Bord gelingt, es ein Serum gegen das Virus zu entwickeln. Die tricktechnischen Aufnahmen, auch die Ansichten des Passagierschiffes, sind reine Computerbilder, gleichen jedoch der schlichten Animation eines PC-Spiels. Wohl um jede Ähnlichkeit mit einem Liner der auf dem US-Markt operierenden Gesellschaften zu vermeiden, hat das Film-Schiff zwei ungewöhnlich große Schornsteine. Mit Außenaufnahmen auf dem Bootsdeck eines Schiffes, das nicht näher zu identifizieren ist. Insgesamt enttäuschend, mit absurdem Drehbuch und ermüdend langatmigen Dialogen. In den wenigen dramatischen Augenblicken bricht der Spannungsbogen zu schnell ab. Regie: Brian Trenchard-Smith. Mit Lindsay Wagner, Martin Sheen und Horst Buchholz als Kapitän. Länge 89 Minuten.

Octalus – Deep Rising (Octalus - Der Tod aus der Tiefe) USA 1997. Der Eigner der „Argonautic", des weltweit größten Mega-Liners, hat sich verkalkuliert. Selbst bei voller Auslastung decken die Einnahmen die Betriebskosten nicht. Während der Jungfernfahrt soll das Schiff versenkt werden, um mit der Versicherungsprämie die Gesellschaft zu sanieren. Dazu hat der Reeder eine Bande angeheuert, die von einem Schnellboot aus Torpedos zünden sollen. Doch als die Gangster eintreffen, finden sie den Luxusdampfer leer. Über das Abwassersystem hat sich ein Seeungeheuer Zugang verschafft. Die Greifarme flutschen durch die Versorgungsrohre und saugen einen Passagier nach dem anderen aus. Im Speisesaal nistet sich das Tier schließlich ein und häuft einen riesigen Leichenberg an. Nach dem Zehn-Kleine-Negerlein-Prinzip werden auch die Banditen dezimiert. Nichts für den empfindlichen Magen. Mit spannenden Fluchtszenen durch Versorgungs- und Maschinenräume und beeindruckenden Aufnahmen der Foyers und Hallen. Für den Schiffs-Fan sehenswerter und sehr aufwendig inszenierter Schocker - allerdings mit hohem Ekel-Faktor. Produktion: Laurence Mark Prod. Regie: Stephen Sommers. Mit Treat Williams, Famke Janssen, Anthony Heald, Kevin J. O'Connor. Länge des Originals: 106 Minuten. Deutsche TV-Fassung: 95 Minuten.

Speed 2 (Speed 2: Cruise Control) USA 1997. Ein sterbenskranker und von seiner Firma entlassener Schiffskonstrukteur will während einer Karibik-Kreuzfahrt den Safe eines Cruise-Liners ausrauben und bringt die Brücke durch Manipulation der Bordelektronik unter sein Kommando. Das Schiff fährt nun mit voller Kraft führerlos durch die Inselwelt. Der Polizist einer Spezialeinheit macht sich an die Rettung. Mittendrin ein junges Paar in den Flitterwochen. Die weder originelle noch sonderlich logisch aufgebaute Handlung dieses aufwendig produzierten Actionfilms ist nur Vorwand, um den gesamten Ablauf in einer fortwährenden, unaufhaltsamen Kamerabewegung bis zum finalen Crash des Schiffes an der Kaianlage eines Hafens zu steigern. Die Filmreihe Speed nimmt die ursprüngliche Idee der Kinematographie „Motion Picture" – „Bewegte Bilder" wörtlich. Außergewöhnlich auch die Sequenz, in der das Schiff einen gewaltigen Tanker rammt und an dessen Bordwand über mehrere hundert Meter entlang schrammt. Der Film spielt auf einem kleineren Schiff vom Yacht-Typ, der seit den 90er Jahren für exklusive Expeditionskreuzfahrten beliebt wurde. Produktion: 20th Century Fox/ Blue Tulip. Regie: Jan de Bont. Mit Sandra Bullock, Jason Patric, Willem Dafoe. Länge 120 Minuten.

Carnal Cruise (Ozean der Träume) USA 1997. Während der Kreuzfahrt schwelgt ein älteres Ehepaar in Jugenderinnerungen. Während des Vietnamkrieges hatten sich beide auf einem Lazarettschiff kennengelernt. Geschickt zitiert dieser romantische Film verschiedene Erfolgsmuster früherer Schiffsfilme. Regie: Divida Rendlog. Mit Charlene Smith, Wesley O'Brian, Jody Frank, Sita Renne, Robert Donovan. Länge 87 Minuten.

The Parent Trap (Ein Zwilling kommt selten allein) USA 1998. Diese amerikanische Version der Geschichte des Doppelten Lottchens beginnt mit einer stimmungsvollen, kinematographisch überzeugenden Umsetzung eines Candle-Light-Dinners auf der „Queen Elizabeth 2". Begleitet von Swing Musik gleitet der schöne Cunard-Liner während einer Transatlantikreise beleuchtet durch die Nacht. Beispiel für die zahlreichen Filme, die den Ozeanriesen als Symbol eines romantischen Nonplusultra verwenden, das die Sehnsüchte vom siebenten Himmel und der sieben

Meere vereint. In der Geschichte des Films dient es dazu, zu erklären, wie tief und grenzenlos die Liebe zwischen den Eltern der getrennt aufwachsenden Zwillinge einst war. Die Eingangsszene greift den Mythos der 1968 in Fahrt gekommenen „Queen Elizabeth 2" auf, die seit Mitte der 70er Jahre bis zur Indienststellung der „Queen Mary 2" im Januar 2004 der einzige Nordatlantikliner auf der New-York-Route geblieben war. Regie: Nancy Meyers. Mit Lindsay Lohan, Dennis Quaid, Natasha Richardson. Länge 127 Minuten.

Final Voyage (Kreuzfahrtschiff auf Todeskurs) USA 1998. Im Kielwasser der weltweiten Titanic-Nostalgie macht ein skrupelloser Reeder einen alten Ozeanriesen – „Britannic" - wieder flott. Neben viel Prominenz aus Hollywood sind auch Terroristen mit auf Jungfernfahrt. Als sie den Tresor sprengen wollen, reißen sie ein riesiges Leck in die ohnehin schon morsche Bordwand. Billiger Schund an der Schwelle des Amateurfilms. Für die Außenaufnahmen der „Britannic" schnitt die Produktion sämtliche Szenen mit der „Hamburg" aus dem Klassiker „24 Stunden bis zur Ewigkeit" ein. Szenen auf Deck und in den Treppenhäusern auf der „Queen Mary" gedreht. Aufnahmen aus dem Maschinenraum stammen offensichtlich aus dem Heizungskeller eines Krankenhauses, worauf die zahlreichen Betonträger hindeuten. Dies ist nur eine von weiteren peinlichen Pannen, die diesen Film als den mit Abstand lächerlichsten Schiffsfilm überhaupt ausweisen. Produktion: Noble Henry. Regie: Jay Andrews. Mit Rick Ducommin, Heidi Schanz, Stephen Macht, Tony Colitti, Beau Billingslea, Jonathan Fuller. Länge 86 Minuten.

Otto – der Katastrophenfilm D 1999. Der Ostfriese rammt als unfreiwilliger Kapitän des schönen alten Luxusdampfers „Queen Henry" die Freiheitsstatue vor New York. Krachend zerbirst das Symbol der Freiheit. Opulent ausgestatteter Klamauk mit Otto. Als Parodie auf die Titanic angelegt, kann die Geschichte jedoch auch als Satire auf Lebensplanung und gescheiterte Lebensträume verstanden werden. Unwägbarkeiten und Überraschungen bestimmen den Lauf der Dinge. Produktion: Rialto. Regie: Edzard Onneken. Mit Otto Waalkes, Eva Hassmann, Michael Schweighöfer, Reiner Schöne. Länge 92 Minuten.

Sechs auf See D 2000. Das Komikerduo Waltraud und Mariechen ist mit der MS „Melody" auf Kreuzfahrt. Die zwei schrulligen Kaffeetanten geraten in haarsträubende Situationen, sowohl an Bord als auch während des Landausflugs. Slapstick und Humor der traditionellen Art. Deutsche TV-Komödie, die durchaus als Traumschiff-Parodie verstanden werden kann. Die „Melody" wurde 1982 als „Atlantic" der Home Lines für Kreuzfahrten von New York zu den Bermudas und Bahamas in Dienst gestellt. Als mittelgroßes Schiff mit nur mäßigem Tiefgang war sie für vergleichsweise flache Hafengewässer dieser Inselgruppen besonders geeignet. 1997 kam sie Mediterranean Shipping Co. für Kreuzfahrtreisen im Mittelmeer in Fahrt. Produktion: Telefilm Medienprojekte GmbH. Regie: Peter Ponnath. Mit Volker Heißmann, Martin Rassau. Länge 85 Minuten.

Britannic USA/UK 2000. TV-Film über den Untergang des britischen Ozeanriesen „Britannic", Schwesterschiff der „Titanic" und „Olympic", die 1916 als Lazarettschiff in griechischen Gewässern auf eine deutsche Mine lief und sank. Dabei hatten 30 Menschen ihr Leben verloren. An die Stelle tatsächlicher Schicksale tritt hier eine fiktive und unwahrscheinliche Agentengeschichte. Doch weniger durch die Handlung als vielmehr durch zahlreiche historische Fehler, die wegen der Dramaturgie hier eingefügt wurden, verärgert der Film. So sind hier auch Passagiere an Bord, es ereignet sich ein Schusswechsel, ein U-Boot verfolgt die „Britannic“ und der Untergang wird durch einen deutschen Agenten herbeigeführt. So ist dieser Film ein Beispiel, wie nachwachsende Generationen durch Fiktion ein falsches Geschichtsbild erhalten und wie Film überhaupt zu irrtümlichen Legenden und Mythen beiträgt. Produktion: Britannic Production, Mark R. Harris. Regie: Brian Trenchard-Smith. Mit Jaqqueline Bisset, John Rhys Davies, Ben Daniels, Bruce Dayne. Edward Atterton. Länge 91 Minuten.

Intrepid – Deep Water (The Wave – Alle Chancen gleich null/ Intrepid – Helden einer Katastrophe) USA 2000. Während der Kreuzfahrt nach Hawaii soll die Tochter eines Ministers ermordet werden. Das Attentat wird jedoch vereitelt, als eine verschollene Atombombe auf dem Meeresboden explodiert und eine Monsterwelle auslöst. Zwischen Attentätern und Wassermassen kulminiert die Gefahr, für die wenigen Überlebenden in dem gekenterten Schiff. Das Drehbuch kombiniert gleich mehrere beliebte Szenarien von Katastrophenfilmen und Thrillern. Produktion: Noble Henry. Regie: John Putch. Mit James Coburn, Costas Mandylor, Finola Hughes. Länge 90 Minuten.

Mörderische Jagd D 2000. Die zwölfte Episode aus der dritten Staffel der ZDF-Reihe Küstenwache führt auf die Fähre nach Skandinavien. Kapitän Ehlers und die Crew der „Albatros“ bergen aus einer leckgeschlagenen Yacht eine bewusstlose Frau, in der Ehlers eine Bekannte wiedererkennt, eine schwedische Biologin. Niemand ahnt, dass sie sich auf der Flucht vor ihrem Institutsleiter befindet, der ihre Forschungsergebnisse für die Herstellung biologischer Waffen verwenden will. Die Biologin hatte ihre Ergebnisse deshalb einem Journalisten anvertraut. Aus dem Krankenhaus in Neustadt wird sie schließlich im Auftrag ihres früheren Professors entführt. Kapitän Ehlers kann seine Freundin schließlich an Bord der Fähre nach Schweden aus der Hand der Kidnapper befreien. Hochspannendes Drehbuch, das die Passagierdecks des Schiffes für einen dramatischen Showdown nutzt. Regie: Lulu Binder. Mit Rüdiger Joswig, Ursula Buschhorn, Miriam Smolka, Pascal Lalo. Länge 50 Minuten.

The Triangle (Gefangen im Bermuda-Dreieck) USA 2001. Eine Gruppe von Männern und Frauen gerät während einer Angeltour mit ihrer Jacht in einen dichten Nebel. Als dieser sich lichtet, taucht vor ihnen der seit 60 Jahren verschollene Transatlantikliner „Queen of Scotts" auf. Während sie von Abenteuerlust getrieben das menschenleere Schiff erkunden, geschehen rätselhafte Phänomene. Als die Angst sie schließlich packt, ist es zu spät. Der Geist eines Mörders, einst Filmstar der 30er Jahre, der auf dem Schiff seine Familie erschlug, hat von einem der Ausflügler Besitz ergriffen. Dieser hatte zuvor, wie konnte es anders sein, den Safe des Schiffes knacken können. Danach tötet er seine Kameraden einen nach dem anderen. Doch auch in dem Schiff selbst steckt Leben und es will keinen entkommen lassen. Im Grande Finale kann das überlebende Paar das Geisterschiff mit Hilfe einer Leuchtpistole zur Explosion bringen. Höchster Schockeffekt: die in einem Frischwassertank seit 60 Jahren vor sich hin faulenden Leichen der Passagiere. Standardisierter TV-Film der einfachen Machart, der den Geheimnissen des Bermuda-Dreiecks nicht weiter nachspürt. Eine schlichtere Ausführung des gleichen Plots, den der Kino-Schocker „Ghost Ship" im Jahr 2002 erzählte. Starke Anleihen nimmt die Produktion auch an „Death Ship" von 1982. Reine Studioproduktion, die auf eine am Computer animierte „Queen Mary" zurückgreift. Szenen an Bord scheinen zum Teil in der Halle eines Hotels im Empire-Stil gedreht zu sein. Bei der Masse schweren Basalts und Marmors würde jedes Schiff untergehen. Dennoch solide produziert, kann der Film vor dem Schiffs-Fan bestehen. Typisch für eine Reihe von Gruselschockern der neueren Zeit ist die Kombination des schicken Dreißiger-Jahre-Flairs mit dem morbiden Horror. Die Verklärung von Hollywoodstars und Ozeanriesen der Vorkriegszeit geht hier eine Symbiose ein. Regie: Lewis Teague. Mit Dan Cortese, Olivia D'Abo, Luke Perry, Dorian Harewood, Polly Shannon. Länge 90 Minuten.

Ghost Ship USA 2002. Das klassische Thema Geisterschiff beginnt mit einem stimmungsvollen Galaabend im Jahr 1962 an Bord der „Antonia Graza", einem italienischen Atlantikliner. Schlagartig kippt die schöne Atmosphäre aus Musik und Gesang, als die elegant gekleideten Teilnehmer der Tanzgesellschaft auf dem Vorschiff von einer absichtlich überspannten Stahltrosse auf Brusthöhe wie mit dem Eierschneider halbiert wird. Besatzungsmitglieder töten auch alle anderen Menschen an Bord, um sich mit einer Ladung Goldbarren aus dem Staub zu machen. Diese für die Produktionsgesellschaft Dark Castle Entertainment typischen Schlachthaus-Szenen verdankt der Film die Altersfreigabe ab 18 Jahre. 40 Jahre später findet eine Bergungsmannschaft den herrenlos treibenden Dampfer und wird nach den Regeln des klassischen Gruselfilms dezimiert. Eine Variation diverser Vorbilder des Genres, wobei der Einfallsreichtum der Autoren im letzten Drittel reichlich nachlässt. Vielleicht durch Aufnahmen der Tauchfahrten zum Wrack der „Andrea Doria" inspiriert, bieten die Produzenten eine detailgetreue Rekonstruktion des 1956 nach einer Kollision vor New York gesunkenen Luxusliners - ohne sich allerdings die Katastrophe zum Vorbild zu nehmen. Darüber hinaus bildet die Geschichte einige gravierende Fehler aus. Niemals hat es auf einem Liner gesellschaftliche Anlässe auf dem Vorschiff gegeben. Aus Gründen der Sicherheit hatten Passagiere hier grundsätzlich keinen Zutritt. Produktion: Joel Silver/Dark Castle Entertainment für Warner Bros.

Pictures. Regie: Steve Beck. Mit Julianna Margulies, Ron Eldard, Desmond Harrington, Isiah Washington, Gabriel Byrne. Länge 88 Minuten.

Boat Trip D/USA 2002. Burleske Komödie um zwei Schürzenjäger, die eine Kreuzfahrt unternehmen wollen, um neue Mädels kennenzulernen. Als sie im Reisebüro mit dem Agenturleiter in Streit geraten, bucht der sie heimlich auf einem Schiff, das für eine so genannte Gay Cruise für ausschließlich schwule Gäste gechartert ist. Dies bemerken sie erst an Bord. Aber immerhin ist eine ansehnliche Trainerin auf dem Schiff und eine Gruppe schwedischer Sportlerinnen muss aus Seenot gerettet werden. Turbulente Verwechselungen nehmen nun ihren Lauf. Auf einem mittelgroßen Expeditionsschiff entstanden, nutzt dieser Film die moderne Vermarktungsform zielgruppengerichteter Reisen für eine Screwball-Comedy. Bei dem gezeigten Schiff dürfte es sich um die „Olympic Explorer" handeln, die von Royal Olympic Cruises in Gibraltar 2002 für Mittelmeerkreuzfahrten in Dienst kam. Nach Insolvenz wurde das Schiff von 2004 an für Studienreisen mit Studenten der Universität Pittsburgh verchartert. Regie: Mort Nathan. Mit Roger Moore, Cuba Gooding jr., Horatio Sanz, Roselyn Sanchez. Länge 97 bzw. 94 Minuten.

Baltic Storm D 2003. Mit internationalen Stars besetzter, hoch spannender Polit-Thriller um die mysteriösen Umstände des Untergangs der „Estonia" auf der Ostsee im Jahr 1994. Die Reporterin Julia Reuter untersucht in Estland illegale Waffenschiebereien. Sie verpasst das Fährschiff „Estonia" nach Schweden. Nach dem Untergang des Schiffes übernimmt sie für ihren Sender die Berichterstattung über das größte maritime Unglück in der zivilen Nachkriegsgeschichte Europas. Sie lernt den Überlebenden Erik kennen. Beide glauben nicht daran, dass der defekte Verschluss der Bugklappe Ursache des Unglücks ist und decken immer mehr Widersprüche von Militär und Geheimdienst auf. Der auf Recherche des Nachrichtenmagazins Der Spiegel beruhende Film stellt das merkwürdige Verhalten der schwedischen Regierung heraus, die bis heute bestrebt ist, Hintergründe zu vertuschen und die Schuld vorschnell der Papenburger Meyer Werft, dem Erbauer der „Estonia", zuschieben wollte. Regie: Reuben Leder. Mit Jürgen Prochnow, Greta Scacchi, Donald Sutherland, Dieter Laser, Jürgen Schornagel, Barbara Schöne. Länge 116 Minuten.

Tod auf dem Meer E/MEX 2003. Fünf Touristen und ein Bootsjunge sind mit einem Motorboot zu ihrem Tauchrevier auf dem offenen Meer unterwegs. Im Zielgebiet finden sie die Leiche eines Mannes und hieven sie an Bord. Durch ein Versehen fängt das Boot Feuer und explodiert. Rettung erscheint durch den vor Anker liegenden Frachter „Ektor" nahe. Als sie auf diesen zu schwimmen, beobachten sie jedoch einen weiteren Mord an Deck. Sie beschließen, heimlich an Bord zu klettern und verstecken sich im Laderaum. Doch bald werden sie entdeckt. Die aus Halunken bestehende Besatzung, die vom Schmuggel exotischer Tiere lebt, duldet keine blinden Passagiere. Trotz einiger Anklänge an bekannte Motive, vermeidet Regisseur Paul Freixas auf augenzwinkernde Weise gängige Klischees und unterhält mit einem temporeichen Thriller um die Angst vor Entdeckung. Der Film ist zum großen Teil auf einem maroden Frachter gedreht und besticht durch eine authentische wie morbide Atmosphäre. Am Ende überleben nicht, wie man vermutet hätte, die schwangere Frau und ihr hasenfüßiger Ehemann, sondern der Bootsjunge, die Journalistin, ein junger Lebenskünstler und dessen schwuler Freund. Ein gegen gängige Muster gebürstetes Drehbuch, das mit den Erwartungen des Zuschauers gezielt Katz und Maus spielt. Regie: Paul Freixas. Mit Silke Hornillos Klein, Unax Ugalde, Adria Collado. Länge 95 Minuten.

Attack on the Queen (S.O.S. Angriff auf das Traumschiff) USA 2003. Ein Gipfeltreffen zwischen den Regierungen der USA und China an Bord der „Queen Elizabeth 2“ nutzt eine Gruppe Terroristen aus Taiwan, um die Geheimcodes von Chinas Atomraketen an sich zu bringen, die Chinas Staatschef stets in einem Koffer bei sich trägt. Mit einem gekidnappten U-Boot wollen sich die Terroristen absetzen, nachdem sie eine Bombe auf der „Queen“ scharf gemacht und die Codes per Satellit in ihr Heimatland gesendet haben. Einem Sicherheitsbeamten der US-Regierung und einer Angestellten der Cunard-Line gelingt es schließlich, die Terroristen zu überlisten. Dieser amerikanische Fernsehfilm wurde zu Teilen auf den Sonnendecks der „Queen Elizabeth 2“ gedreht und zeigt brillante Luftaufnahmen des Atlantikliners in voller Fahrt. Die Szenen aus dem Queens Grill des Schiffes sind jedoch auf dem Studio-Set entstanden. Ansonsten sieht man die Akteure immer wieder ein- und denselben Kabinen-Korridor rauf- und runterflitzen. Eine ausgewalzte Nebenhandlung und der auf amerikanische Werbepausen ausgelegte Rhythmus verhindern, dass sich echte Spannung einstellt. Einer der ganz seltenen Filme aber, die Schiff und Reederei beim Namen nennen. Regie: Jerry London. Mit Joe Lando, Rob Estes, Jerome Ehlers. Länge 90 Minuten.

Erkan und Stefan – Der Tod kommt krass D 2005. Das Komikerduo Erkan und Stefan gewinnt in einer TV-Show die Kreuzfahrt auf der „MS Albatros“. Während der Reise in das Nordmeer wird der TV-Moderator der Show ermordet und die beiden versuchen, die Leiche unauffällig loszuwerden. Schließlich geraten die zwei unter Mordverdacht. Auf der „Albatros“ von Phoenix Reisen gedrehte und gelungene Persiflage, die neben dem Traumschiff auch noch bei anderen klassischen Filmen Anleihen nimmt. Die „Albatros“ wurde 1973 als „Royal Viking Sea“ der Royal Viking Line auf der Wärtsilä-Werft in Finnland gebaut und fährt seit dem Jahr 2004 unter dem Namen „Albatros“ für den deutschen Kreuzfahrtmarkt. Regie: Michael Karen. Mit Erkan Maria Moosleitner, Stefan Lust, Ludger Pistor, Andrea Sawatzki, Christoph Maria Herbst. Länge 93 Minuten.

Maiden Voyage (Jungfernfahrt in den Tod) USA 2004. Sicherheitsexperte Kyle nimmt seinen Sohn mit auf Jungfernfahrt der „Sun Maiden". Er soll an Bord während der Reise im Pazifik gemeinsam mit einer Offizierin Sicherheitsmängel aufdecken und benennen. Mitglieder einer TV-Crew entpuppen sich als Terroristen, die gemeinsame Sache mit dem Eigner des Schiffes machen und es zur Explosion bringen wollen. Kritiker bemängelten, das gezeigte Schiff gleiche einer rostigen Autofähre, die Innenräume und deren Ausstattung würden dem realen Standard nicht entsprechen. Wie man hämischen Einträgen auf der Internet Movie Database „IMDb" zu „Maiden Voyage" entnehmen kann, erwartet das Publikum von heute bei Filmen zur See Plausibilität und Authentizität bei allen Aspekten der Kreuzfahrt. Dass sich die Reise während der Jungfernfahrt eines neuen Kreuzfahrtschiffes abspielen soll, wird dem Film nicht abgenommen. Regie: Colin Buck. Mit Caspar van Dien, Danielle Cormack, Angela Marie Dotchin. Länge 94 Minuten.

Unter weißen Segeln D 2004-2005. In sechs Episoden für die ARD hergestellte Spielfilmreihe, die die eleganten Kreuzfahrtsegler der Reederei Star Clipper wie die Kreuzfahrtschiffe „Royal Clipper", „Star Flyer", und „Star Clipper" in den Mittelpunkt rückt. Wie in den Serien des ZDF sind auch diese Filme auf dem Schiff während realer Seereisen entstanden und bestechen durch die fotografisch hochklassige Umsetzung. Die Schicksale der Passagiere und die Handlungsabläufe entwickeln sich während der Seetage und der Landgänge. Die Touristikbranche hätte sich keine bessere Werbung wünschen können. Produktion: KSM GmbH. Regie: Walter Bannert, Gero Erhardt, Erwin Keusch, Bernhard

Stephan. Mit Christine Neubauer, Gerrit Kling, Horst Janson, Fritz Wepper Peter Weck, Helmut Zierl. Länge je 90 Minuten.

Mädchen über Bord D 2005. Auf der „AIDAcara" gedrehte Romanze, die gängige Traumschiff-Muster auf witzige Weise variiert. Studentin Babsi schifft sich in Hamburg auf der „AIDAcara" für eine Suite ein, derweil ihre Freundin Katrin in der gemeinschaftlichen Wohnung einen Anruf von Babsis reichem Liebhaber erhält, dass er doch nicht mit auf große Fahrt kommt und die Beziehung lieber beenden will. Bei dem Versuch, Babsi diese schreckliche Nachricht – denn Babis Kreditkarte ist nun nicht mehr gedeckt – noch rechtzeitig auf die „AIDAcara" zu übermitteln, stürzt Katrin auf dem Anleger in einen Gemüsecontainer und wird – bewusstlos – mit verschifft. Als blinde Passagierin muss sie sich schließlich im Housekeeping nützlich machen, während Babsi ihre Schulden in der Bar abarbeiten soll. Katrin verliebt sich in den Schiffsarzt. Doch auf Mallorca kommt dessen Verlobte an Bord. Bis zum Happy End fließen noch viele Tränen. Als bislang einziger Film rückt dieser das Leben der Besatzung und ihrer asiatischen Mitglieder an Bord in den Vordergrund. Babsi muss ihre Suite räumen und lernt den Minimal-Komfort des Personals kennen. Auf unterhaltsame Art wirft dieser Film einen kritischen Blick auf das Bordleben moderner Schiffe. Die Deutsche Seereederei in Rostock hatte 1996 mit der „AIDA" (seit 2001 „AIDAcara") das erste Clubschiff für den deutschen Markt in Dienst gestellt, dessen Bordkonzept vom pauschalen Wellnessurlaub zur See eine gezielte Abkehr von der Traditionskreuzfahrt darstellt. Es folgten weitere sieben Schiffe, mit denen das Unternehmen standardisierte Wochenprogramme anbietet. Damit ist „AIDA" das wachstumsstärkste deutsche Kreuzfahrtprodukt. Regie: Hansjörg Thurn. Mit Isabell Gerschke, Michael Härle, Martina Hill. Länge 100 Minuten.

Poseidon Adventure (Der Poseidon-Anschlag) USA 2005. TV-Remake des Katastrophenfilms „Poseidon- Inferno“ von 1972. Diese für das amerikanische Fernsehen inszenierte Version ist ziemlich nah am Drehbuch des Originals geblieben, verlegt das Abenteuer jedoch auf einen Mega-Liner der Gegenwart. Dieser wird nicht durch eine Monsterwelle, sondern durch eine Explosion zum Durchkentern gebracht. Studiofilm, dessen zum Teil holzschnittartige Dialoge den Film unnötig in die Länge ziehen. Der Spannungsbogen des Originals wird nicht erreicht. Produktion Jon Brown. Nach dem Buch von Paul Gallico. Regie: John Putch. Mit Rutger Hauer, Steve Guttenberg, Adam Baldwin, C. Thomas Howell. Länge 180 Minuten.

Poseidon USA 2006. Kino Remake des Klassikers von 1972. Der Ozeanriese „Poseidon“ wird von einer Riesenwelle umgeworfen. Wolfgang Petersens Neuinszenierung ist inspiriert durch den 25 Meter hohen Kaventsmann, der im Jahr 2005 das Kreuzfahrtschiff „Norwegian Dawn“ auf voller Länge bis zum zehnten Deck traf und große Schäden in den Balkonkabinen anrichtete. Schwachpunkt der Poseidon sind jedoch nicht die Balkonkabinen, sondern die Panoramafenster im Restaurant, die unter dem Wasserdruck explosionsartig zerplatzen. Die Flucht einiger Passagiere vor den Wassermassen führt durch die gigantischen Räume des modernen Mega-Liners. Regisseur Wolfgang Petersen folgt in diesem aufwendig inszenierten Katastrophenfilm in der Dramaturgie einem öden Schema. Wie leider oft bei diesem Regisseur bleiben die Charaktere schablonenhaft und ausdruckslos und sprechen holzschnittartig schlichte Dialoge. Kaum wird einem Gelegenheit gegeben, Sympathie und Empathie für eine der Figuren zu entwickeln. Der Ausweg aus dem Rumpf erfolgt in dieser Version über die tosenden Bugstrahlruder, der vielleicht spektakulärste Einfall. Die Überlebenden entkommen in buchstäblich letzter Sekunde. Fragwürdig bleiben der Hintergrund der Reise sowie die

Herkunft der Riesenwelle auf dem spiegelglatten Ozean. Jedoch kommen Wasserwände dieser Art, die nicht durch Tsunamis entstehen, immer wieder vor. Die Ursache ist nicht genau erforscht, wird bisweilen aber durch das Zusammenwirken meteorologischer Bedingungen in Seegebieten erklärt, in denen starke Meeresströmungen herrschen. Der Vorzug dieses Films ist die vergleichsweise realistische Umsetzung von Gefahren, die in der modernen Kreuzfahrt Passagieren auf Mega-Linern drohen können. So die Gefahr durch hereinbrechende Wassermassen, sowie Qualm und Feuerstürme in den gigantischen Hallen und der Einkaufsstraße. Die Stabilität moderner Riesenschiffe bei plötzlich hereinbrechenden Wassermassen ist in der Fachwelt eine vieldiskutierte Frage. Filmgeschichtlich markiert diese Produktion einen Wendepunkt. Hier gelingt die überzeugende, realistische Wiedergabe eines modernen Ozeanriesen, der allein durch Computerprogramme am Bildschirm gestaltet wurde. Der wirklichkeitsnah ausgeführte Rundumflug verblüfft durch dokumentarisch wirkende Brillanz. Der elegante, stromlinienförmig gestaltete Liner hat kein reales Schiff zum Vorbild. Er erinnert entfernt an die im Profil klassischer Ozeanriesen gestalteten Schiffe der Disney Cruise Line, „Disney Magic“ und „Disney Wonder“ von 1998 und 1999. Produktion: Meike Fleiss. Regie: Wolfgang Petersen. Mit Josh Lucas, Kurt Russell, Jacinda Barrett, Emmy Rossum. Länge 99 Minuten.

Mann über Bord D 2006. Während der Überfahrt von Göteborg nach Kiel verschwindet der Kapitän der Skandinavienfähre. Wie sich bald herausstellt, wurde er mit Gewalt aus einem Ladetor des Autodecks gestoßen. Wenig später wird seine Leiche angespült. Die Ermittler in Göteborg und Kiel, Kommissar Borowski und die schwedische Kollegin Wallström, finden schnell heraus, dass er ein Doppelleben führte, in beiden Häfen seit Jahren verheiratet war. Auf seiner letzten Fahrt hatte er aber auch Streit mit dem 1. Offizier. Dieser ist alkoholkrank. Der Kieler Kommissar löst den Fall an Bord während mehrerer Überfahrten. Als Mörderin enttarnt wird die in Kiel lebende Ehefrau, während diese versucht, auf dem Schiff ihre schwedische Rivalin ebenfalls zu ermorden. Origineller Kriminalfilm aus der Kieler Tatort-Reihe, in dessen Mittelpunkt die Fähre der Stena-Line, „Stena Germanica“ oder „Stena Scandinavica“ von 1986, steht. Regie: Lars Becker. Mit Axel Milberg, Ewa Fröling, Maren Eggert. Länge 90 Minuten.

Kreuzfahrt ins Glück D 2007-2013. In bislang 17 Episoden produzierte Spielfilmreihe des ZDF, die die Reihe Traumschiff ergänzt, Liebe und Ehe ebenso idealisiert wie die Seereise. Ebenfalls an Bord der „Deutschland“ gedreht, begleiten hier so genannte Hochzeitsplaner die Flitterwochen von Jungvermählten. Dabei verknüpft das Drehbuch die fiktiven Geschichten der Liebenden geschickt mit den Landgängen der realen Kreuzschiffreisen. Die Kombination aus Traumhochzeit und Traumschiff, des siebenten Himmels wie der sieben Meere erscheint hier als ultimatives Glücksmoment, das einem Liebespaar widerfahren kann. Romantischer Kitsch in Bestform, fotografiert in beeindruckenden Hochglanzbildern. Location und Casting harmonieren perfekt. Jede Folge führt in ein anderes Zielgebiet. Für die gesamte Branche werbewirksam. Produktion: Polyphon. Mit Eva Marie Grein, Patrick Fichte. Länge je 90 Minuten.

Lusitania UK/D 2007. TV-Film über die Versenkung des britischen Luxusdampfers „Lusitania“ am 7. Mai 1915 durch ein deutsches U-Boot, wobei 1.198 Menschen nahe der irischen Küste den Tod fanden. Als einer der wenigen großen Transatlantikliner war die „Lusitania“ nach Kriegsausbruch im zivilen Liniendienst nach New York im Verkehr geblieben. Die USA waren damals noch neutral. Wie sich später herausstellte, hatte die „Lusitania“ jedoch erhebliche Mengen Munition im Bugladeraum, was zu der verheerenden Explosion nach dem Torpedotreffer und ihrem schnellen Untergang binnen nur 20 Minuten führte. Der Film thematisiert besonders die Rolle der britischen Kriegsmarine, die den Kapitän der „Lusitania“ nicht ausreichend über die aktuelle feindliche U-Boot-Aktivität in der irischen See informiert hatte und dem Liner auch keinen Begleitschutz gewähren wollte. In der anschließenden juristischen Untersuchung wollte die Kriegsmarine die Schuld dem Kapitän der „Lusitania“ anlasten. Unter den Toten befanden sich 128 US-Bürger. Die Versenkung eines zivilen Schiffes wurde Deutschland als Kriegsverbrechen angelastet und führte maßgeblich zum Kriegseintritt der Vereinigten Staaten. Gleichwohl hielt sich die Theorie, dass Marineminister Churchill die Versenkung der „Lusitania“ fahrlässig mit herbeigeführt hatte, um die USA zum Kriegseintritt zu bewegen. Dafür sprach besonders die Beladung der Frachträume mit Munitionslieferungen an Britannien. Der realistisch und sehr nah an den Fakten inszenierte Film rückt verschiedene Personen während der Überfahrt in den Mittelpunkt aber auch die Besatzung des deutschen U-Bootes, die über die Wirkung ihres einzigen abgegebenen Torpedos schockiert ist. Zeithistorisch eine der besten Umsetzungen eines Schiffsdramas überhaupt. Produktion: Darlow Schmithson Prod./ NDR, BBC. Regie: Christopher Spencer. Mit Madeleine Garrod, Francis Marek, John Hannah, Florian Panzner, Martin LeMarite. Länge 90 Minuten.

Golden Door (Nuovomondo) I/F 2006. Visuell hochwertig gestaltetes Epos um eine sizilianische Familie, die falschen Vorstellungen vom Schlaraffenland Glauben schenkt, auf einem großen Passagierschiff nach USA auswandert und schon während der Überfahrt im Zwischendeck allmählich erkennen muss, dass sie ohne Aufgabe ihrer bisherigen Werte und liebgewonnen Gewohnheiten das Leben in der neuen Welt nicht bestehen wird. Historisch kritische Rückschau auf die Epoche der Auswanderung der Europäer nach Amerika, die die Legende vom gelobten Land hinterfragt. Viele Immigranten gaben in der alten Heimat mehr auf, als sie schließlich in der neuen Welt zu erwarten hatten. Diese Erkenntnis bezieht sich nicht nur auf materielle Werte. Schiffshistorisch ist dieser Film allerdings im Detail weniger genau. Es gab niemals ein Linienschiff mit einer rechtwinkligen Heckpartie, schon gar nicht zur Zeit der Auswanderung, die schon bald nach dem Ersten Weltkrieg beendet war. Dieses schiffbautechnische Detail etwa ist erst seit 25 Jahren bei Kreuzfahrtschiffen zu beobachten. Regie: Emanuele Crialese. Mit Charlotte Gainsbourg, Vicento Amato, Aurora Quattrocchi, Francesco Casisa, Filippo Pucilla. Länge 118 Minuten.

Die Gustloff D 2008. Neuverfilmung des Untergangs des Flüchtlingsschiffes „Wilhelm Gustloff", die nach neueren Schätzungen 10.000 Menschen an Bord hatte, als sie am 30. Januar 1945 auf der Fahrt von Gotenhafen nach Kiel von einem sowjetischen U-Boot versenkt wurde. Das Drehbuch greift die Verschwörungstheorie auf, nach der ein Besatzungsmitglied die Ausfahrt der Gustloff an die Sowjets verraten haben soll, und zeigt das Kompetenzgerangel auf der Brücke, bei dem mehrere Kapitäne um den richtigen Kurs gestritten und das Schiff somit in Gefahr gebracht hatten. So blieb die Frage stets ungeklärt, weshalb auf der Gustloff plötzlich Positionslichter für ein Begleitschiff gesetzt wurden. Die Szenen von der Torpedierung und der einsetzenden Massenpanik sind realistisch und nah an den Fakten ausgestaltet. Mit 400 Statisten wurde dies im Hafen von Stralsund überzeugend umgesetzt. Besonders das Sicherheitsglas auf der Promenade, das sich nicht herausbrechen ließ, war zur tödlichen Falle auf dem rasch sinkenden Schiff geworden. So gelang es tausenden Menschen nicht, von Bord zu kommen, obwohl sie schon nahezu im Freien waren. Die „Wilhelm Gustloff" war 1938 der erste Neubau für die NS-Freizeitorganisation „Kraft durch Freude". Bis dahin hatte sie Linienpassagierschiffe für Kreuzfahrten gechartert, die zu vergleichsweise günstigen Preisen unter verdienten Parteimitgliedern und Volksgenossen vermarktet wurden. „Wilhelm Gustloff" gilt als das erste ausschließlich für Kreuzfahrten gebaute moderne Hochseeschiff der Welt. Sie war ein Einklassenschiff und verfügte über einen moderaten, vergleichsweise langsamen, dafür sparsamen und wirtschaftlichen Antrieb. Es war in der Ausstattung ein Touristenschiff, dessen Interieur das Attribut Luxus nicht aufkommen ließ. Neben der 1939 in Fahrt gebrachten „Robert Ley" war der Bau von 30 weiteren Schwesterschiffen angekündigt gewesen. Produktion: Norbert Sauer. Regie: Joseph Vilsmeier. Mit Valerie Niehaus, Kai Wiesinger, Heiner Lauterbach, Detlev Buck, Francis Fulton Smith, Dana Vavrova, Ulrike Kriener, Michael Mendl. Länge 185 Minuten.

Laconia D/UK 2010. Jüngster Film über eine historische Schiffskatastrophe. Der frühere britische Luxusdampfer „Laconia" war 1942 als Truppentransporter unterwegs und hatte neben Passagieren auch italienische Kriegsgefangene sowie polnische Wachmannschaften an Bord, als er von dem deutschen U-Boot 156 versenkt wurde. Als der Kapitän des U-Bootes sich klar machte, welche Menschengruppen die „Laconia" an Bord hatte, befahl er die Rettung aller Schiffbrüchigen. Doch wurde das U-Boot kurz darauf von den Alliierten angegriffen. Eine der tragischen Geschichten im U-Boot-Krieg im Widerstreit zwischen Feindbild und Kriegsvölkerrecht. Nach diesem Vorfall erteilte das NS-Regime den so genannten „Laconia-Befehl", nach dem künftige Rettungen von Schiffbrüchigen im Seekrieg deutschen Kapitänen verboten wurden. Produktion: Teamworx. Regie: Uwe Janson. Mit Ken Duken, Franka Potente, Matthias Koeberlin, Andrew Buchan, Lindsay Dunca. Länge 180 Minuten.

Socialisme F 2010. Gesellschafts- und Zivilisationskritik nach typisch französischer Denkrichtung. Filmemacher Jean-Luc Godard entwirft ein Gleichnis gegen Dekadenz und Bourgeoisie und will damit erklären, dass die Welt dem Untergang geweiht ist. Von drei verschachtelten Handlungsabläufen ereignet sich einer an Bord des Kreuzfahrtschiffes „Costa Concordia". Ein Kriegsverbrecher, ein Beamter der Vereinten Nationen und eine russische Detektivin vertreiben sich die Zeit an Bord während der Kreuzfahrt im Mittelmeer hin zu den antiken Stätten und der Wiege der Zivilisation. Die Herkunft und die Biographien der Personen sowie ihrer Gespräche stehen im Kontrast zu den aufgesuchten touristischen Zielen und deren Bedeutung. Die Absicht des Regisseurs verfehlt ihre Wirkung zum Teil, da Schiffe wie die „Costa Concordia" nicht Schauplatz für Luxus und Dekadenz sondern vielmehr Gaudi für Hinz und Kunz sind. Produktion: Ruth Waldburger. Regie: Jean-Luc Godard. Mit Catherine Tanvier, Alain Badiou, Patti Smith, Lenny Kaye, Olga Riazanowa, Jean-Marc Stehlé, Christian Sinniger. Länge 102 Minuten.

Bienvenue à Bord F 2011. Französische Komödie nach dem Traumschiffrezept. Während der Karibikkreuzfahrt und Jungfernfahrt des neuen Flaggschiffs hat Reedereirepräsentantin Isabell keine Augen mehr für ihren Chef sondern flirtet mit dem Habenichts Remy. Der Film entstand mit Unterstützung der Reederei Costa an Bord der „Costa Atlantica". Berater des Filmstabs war hier Costa-Kapitän Francesco Schettino, der 2012 weltweit in die Schlagzeilen geriet, als er vor der italienischen Insel Giglio das Schwesterschiff „Costa Concordia" auf einen Felsen setzte. Dieser auf ein etwas älteres Publikum ausgerichtete Film rückt das Innere und die Außendecks der „Costa Atlantica" aus zahlreichen Perspektiven werbewirksam in Szene. In Frankreich war der Film für das Kino hergestellt, in Deutschland würde er als TV-Produktion kaum herausstechen. Wie immer in französischen Filmen wird auch hier viel und schnell geredet.

Die Produktion stellt auch quasi einen zunehmenden Widerspruch dar. Während Kreuzfahrten inzwischen ein Kerngeschäft des Pauschal- und Massentourismus geworden sind, die sogar im Supermarkt verramscht werden, stellt sich hier die Frage, weshalb man noch ins Kino gehen soll, wo man doch jederzeit selbst eine solche Reise buchen kann. Die im Jahr 2000 auf der Werft von Kvaerner Masa-Yards in Helsinki gebaute „Costa Atlantica" gehört zu einem Typ zahlreicher, weitgehend baugleicher großer Kreuzfahrtschiffe, die bei verschiedenen Gesellschaften in Fahrt kamen und den internationalen Markt der Gegenwart bestimmen. Costa-Liner beeindrucken durch eine sehr einfallsreiche, individuell prachtvolle, historistisch bis barock gestaltete Innendekoration nach Vorbild verschiedener Epochen, wobei die Raumkonzeption dieses Schifftyps jedoch weitgehend identisch bleibt. Produktion Pathé International. Regie: Éric Lavaine. Mit Frank Dubosc, Valérie Lemercier, Gerard Darmon, Luisa Ranieri. Länge 90 Minuten.

Die Männer der Emden D 2012. Spektakulär inszenierter Abenteuerfilm aus der Zeit der Seeschlachten im Ersten Weltkrieg vor real historischem Hintergrund. Der Marinekreuzer „Emden" hatte 60 feindliche Schiffe ausgeschaltet. Doch im indischen Ozean endet die siegreiche Serie und die „Emden" wird vom australischen Zerstörer „Sydney" vor den Cocos Inseln versenkt. 52 Männer, die auf der Insel eine Funkstation zerstören sollten, überleben, wollen aber nicht auf der Insel ausharren, sondern den Weg in die Heimat antreten. Dazu bietet sich ein Schoner an. Eine der ganz seltenen Produktionen aus der Welt der Marine des Ersten Weltkriegs. Erstaunlich detailtreu werden hier die Panzerkreuzer via Digitaltechnik ins Bild gerückt. Auch ein riesiges Passagierschiff dampft durchs Bild. Es ist der „Queen Mary" von 1936 nachempfunden, was natürlich nicht in die Zeit passt. Produktion: Berengar Pfahl Film GmbH. Regie: Berengar Pfahl. Mit Ken Duken, Felicitas Woll, Sebastian Blomberg, Jan Henrick Stahlberg, Oliver Korittke, Sibel Kekilli. Länge 180 Minuten.

Die lange Welle hinterm Kiel D 2012. Eine vermögende Witwe sudetendeutscher Abstammung, die sich 1990 von ihrem Großneffen zu einer Kreuzfahrt im Indischen Ozean begleiten lässt, trifft an Bord einen ehemaligen tschechischen Schulkameraden wieder, der sich 1945 an Verbrechen gegen Deutsche in Mähren beteiligt hatte. Nach emotionsgeladenen Gesprächen kommt es zur Versöhnung, aber auch zu einem gemeinsamen tragischen Ende. Nach dem Roman des tschechischen Schriftstellers Pavel Kohout auf dem Kreuzfahrtschiff „Delphin" gedrehter Film. Synonym für den Lauf der Dinge und die Unausweichlichkeit des Schicksals bindet diese Geschichte die Seereise metaphorisch als roten Faden für eine Lebens- und Liebesgeschichte ein. Bei dem Kreuzfahrtschiff „Delphin" handelt es sich um einen Oldie der Black Sea Shipping Company in Odessa. Gebaut wurde das Schiff 1974 als „Belorussiya" auf der Wärtsilä-Werft in Turku. Damals bestimmte die staatliche Reederei der Sowjetunion unter anderem mit diesem Schiffstyp in den 70er und 80er Jahren auch Teile des westeuropäischen Marktes. Seit 1996 verkehrt das Schiff als „Delphin" in Charter für den deutschen Markt. Produktion: Degeto für ARD. Regie: Nikolaus Leytner. Mit Christiane Hörbiger, Veronica Ferres, Mario Adorf, Christoph Letkowski. Länge 90 Minuten.

Titanic UK 2012. Vierteilige britische TV-Serie, die zum 100. Jahrestag des Untergangs produziert wurde. Parallel und unabhängig wird das Schicksal verschiedener Personen der ersten, zweiten und dritten Klasse sowie auch von Besatzungsmitgliedern geschildert, denen reale Vorbilder zugrunde liegen. Dabei nutzt das Drehbuch die dramaturgische Idee des so genannten Cliffhanger. Erst in der vierten Episode werden die

Handlungsstränge zusammengeführt und dem Zuschauer das endgültige Schicksal der einzelnen offenbart. Der mit aufwendigen Studiobauten in Budapest hergestellte und in 85 Länder verkaufte Film beeindruckt durch die detailreiche und aufwendige Ausstattung. In den dargestellten Biographien spiegelt sich die Unausweichlichkeit des Schicksals. Zwangsläufig zwingt das Unglück Menschen dazu, die Bilanz ihres Lebens zu ziehen, Liebe, Falschheit oder unterdrückte Enttäuschung einander zu offenbaren. Lebensläufe und Lebenspläne sind plötzlich infrage gestellt, Werte und Erwartungen hinfällig. Reiner Studiofilm, für den Segmente des Schiffs in Originalgröße von bis zu 50 Metern Länge für die Promenade oder von 75 Metern Länge für die Korridore nachgebaut wurden. Für die Szenen des Untergangs wurde das Interieur in einem 900 Quadratmeter großen Wassertank gestaltet. Produktion: Nigel Stafford-Clark, Regie: Jon Jones. Mit Ben Bishop, Ruth Bradley, David Calder, James Wilby, Ryan Hawley. Länge 180 Minuten.

Herzensreise D 2012. Abendfüllender Spielfilm aus der ZDF-Reihe „Der Landarzt". Während einer Ostseekreuzfahrt trifft Landarzt Jan Bergmann einen langjährigen Kollegen wieder, der jetzt als Schiffsarzt auf dem Liner arbeitet. Dieser entwickelt eine Romanze zu der russischen Unterhaltungskünstlerin Nadjeschda, die in der Bord-Show auftritt. Es stellt sich heraus, dass die junge Russin acht Jahre zuvor während einer Transplantation das Herz der verstorbenen Tochter eben dieses Schiffsarztes erhalten hatte. Der Film entstand auf dem TUI-Liner „Mein Schiff". Das Drehbuch kombiniert das antiquierte Bild vom „Halbgott in Weiß" mit einer etwas angestaubten Vorstellung der Traditionskreuzfahrt. Damit konterkariert der Film jedoch das ausgesprochen moderne und lässige Bordkonzept des Veranstalters TUI und wird dem tatsächlichen Urlaubskonzept der „Mein-Schiff-Liner" nicht unbedingt gerecht. „Mein Schiff" wurde 1995 als „Galaxy" auf der Papenburger Meyer Werft für Celebrity

Cruises gebaut und für gehobene Karibik-Kreuzfahrten konzipiert. Tui-Cruises erwarb das Schiff 2009 für den deutschen Markt. Regie: Hans Werner. Drehbuch: Manfred Kosmann. Mit Wayne Carpendale, Meret Becker, Konstantin Wecker, Caroline Scholze. Länge 89 Minuten.

Empress of Ireland CDN 2012. Doku-Drama mit Spielszenen vom Untergang des britischen Passagierschiffes „Empress of Ireland". Der 1906 für die Route von Liverpool nach Quebec gebaute Transatlantikdampfer war am 29. Mai 1914 auf dem St.-Lorenz-Strom mit dem norwegischen Frachter „Storstad" kollidiert und rasch gesunken. 1024 Menschen kamen ums Leben. Obwohl die Opferzahl nach dem Untergang der „Titanic" die höchste war, die bei einem Schiffsunglück in Friedenszeiten zu beklagen war, erlangte die Tragödie nie eine vergleichbare öffentliche Aufmerksamkeit. Gleichwohl ranken sich auch hier zahlreiche Legenden um Personen und Ereignisse im Vorfeld der Kollision. „Empress of Ireland" war neben dem Schwesterschiff „Empress of Britain" der größte und komfortabelste Liner auf der Kanada-Route. Der Film kombiniert Aufnahmen von Tauchfahrten zum Wrack mit Animations- und Spielszenen, in denen das Schicksal von Passagieren nacherzählt wird. Dies ist nur eine von mehreren TV-Dokumentationen zum Thema. Produktion: Dreamstorm Entertainment. Regie: Stephan Parent. Mit Angèle Gagnon, Bernard Boire, Gary Gish, Christian Bisnaire. Länge 70 Minuten.

Literatur

Ballard, Robert D: Lost Liners. Von der Titanic zur Andrea Doria. Glanz und Untergang der großen Luxusliner. München 1997.

Ball, Gregor und Spiess, Eberhard: Heinz Rühmann und seine Filme. München 1982.

Belach, Helga: Wir tanzen um die Welt. Deutsche Revuefilme 1933 bis 1945. München 1979.

Bock, Hans-Michael (Hg): Cinegraph. Lexikon zum deutschsprachigen Film. München 1984.

Broecheler, Kirsten: Seereisen in der englischsprachigen Romanliteratur vom 18. bis 20. Jahrhundert. Eine Untersuchung der Themen Meer, Schiff und Seefahrt unter besonderer Berücksichtigung räumlicher Aspekte. Frankfurt/ Main 1998.

Cadringher, Gabriele und Wealleans, Anne: Schiffsplakate. München 2009.

Cohan, Steven: Hollywood Musicals. The film reader. London 2002.

Donzel, Catherine und Glaßer, Marianne: Legendäre Ozeanriesen. Die große Zeit der Passagierschiffe 1850 bis 1930. München 2006.

Eames, John Douglas: The Paramount Story. London 1985.

Foster Wallace. David: Shipping out. Schrecklich amüsant, aber in Zukunft ohne mich. Hamburg 2008.

Fox, Peter: Liners. The golden Age. The Hulton Getty Picture Collection. Köln 1999.

Hobsch, Manfred: Das große Lexikon der Katastrophenfilme. Berlin 2003.

Just, Lothar R (Hg): Heyne Filmlexikon. 10000 Filme aus 100 Jahren Filmgeschichte. München 1996.

Kendall, Elizabeth: The Runaway Bride. Hollywood Romantic Comedy of the 1930th. New York 1990.

Kinzler, Sonja und Tillmann, Doris: Die Nordlandreise. Die Geschichte einer touristischen Entdeckung. Hamburg 2010.

Klaus, Ulrich J: Deutsche Tonfilme. Lexikon der abendfüllenden deutschen und deutschsprachigen Tonfilme nach ihren deutschen Uraufführungen 1929 bis 1945. Gesamtregister. Berlin 2006.

Klöckner-Draga, Uwe: Wirf weg, damit du nicht verlierst. Lilian Harvey. Biographie eines Filmstars. Berlin 1999.

Kludas, Arnold: Bremen und Europa. Höhepunkt und Ausklang einer Epoche. Hamburg 1993.

Kludas, Arnold: Die Cap-Schnelldampfer der Hamburg-Süd. Hamburg 1996.

Kludas, Arnold: Die Geschichte der deutschen Passagierschifffahrt. Band I bis Band V. In: Schriften des deutschen Schifffahrtsmuseums. Hg. V. Detlev Ellmers, Wold-Dieter Hoheisel, Gert Schlechtriem. Band 21. Hamburg 1989.

Kludas, Arnold: Die großen Passagierschiffe der Welt. Eine Dokumentation. Band I bis V. Oldenburg/ Hamburg 1972.

Kludas, Arnold; Heine, Frank; Lose, Frank: Die großen Passagierschiffe der Welt. Illustriertes Register aller 800 Passagierschiffe der Welt ab 10000 BRZ. 6. überarbeitete Neuausgabe 2006. Hamburg 2006.

Kludas, Arnold: Vergnügungsreisen zur See. Zur Geschichte der deutschen Kreuzfahrt. Band I und Band II. Hamburg 2001.

Knopp, Guido: Der Untergang der Wilhelm Gustloff. Wie es wirklich war. München 2008.

Kreimeier, Klaus: Die Ufa-Story. Geschichte eines Filmkonzerns. Frankfurt/ Main 2002.

Lebrun, Dominique: Von Europa nach Hollywood. Die Europäer im amerikanischen Kino. Berlin 1993.

Loos, Anita: Gentlemen prefer Blondes. Leipzig 1926.

Lord, Walter: Die Titanic-Katastrophe. 2. Auflage. München 1977.

Maxtone-Graham, John: Der Weg über den Atlantik. München 1998.

Parisi, Paula: James Cameron und „Titanic“. München 1998.

Piouffre, Gerard: Legendäre Schiffsreisen. München 2009.

Meyer Friese, Boye: Schiffsplakate. Seereisen im Spiegelbild zeitgenössischer Werbung. Hamburg 2002.

O'Sullivan, Patrick: Die Lusitania. Hamburg 1999.

Paretti, Sandra: Das Zauberschiff. Roman. München 1994.

Pöllmann, Helmut: Erich Wolfgang Korngold. Aspekte seines Schaffens. Mainz 1998.

Puffarth, Otto: Abschied vom Kreuzfahrtschiff TS Hamburg. Lüneburg 2009.

Rothe, Claus und Schödler, Jürgen: Die deutschen Traumschiffe. Hamburg 1997.

Schallenberg, Claudia: KdF. Kraft durch Freude. Innenansichten der Seereisen. Bremen 2005.

Scherer, Brigitte: In meiner Kajüte? Ach, lieber nicht. Meer oder weniger schön. Über Glanz und Elend, dem man auf hoher See begegnet. In: Frankfurter Allgemeine Sonntagszeitung. Nr. 18. 3. Mai 2009.

Schöning, Jörg: London Calling. Deutsche im britischen Film der 30er Jahre. München 1993.

Simpson, Colin: Die Lusitania. Frankfurt/ Main 1973.

Sudendorf, Werner: Marlene Dietrich. Dokumente, Essays, Filme. München/ Wien 1977.

Tast, Isadora: Dem Meer so nah...In: Brigitte. Nr. 4/2006. Seite 96-103.

Turat, Max R.: Tatort Traumschiff. Hamburg 1993.

Ulrich, Kurt: Legendäre Luxusliner. Vom Grandhotel auf hoher See zur schwimmenden Insel. München 2005.

Utermann, Patrick: Der Ozeandampfer Europa 1926 bis 1930 und sein Innenausbau durch Karl Ludwig Troost. Diss. München 1984.

Vehrs, Walter: TS Hanseatic. Die Geschichte einer schönen Hamburgerin. Cuxhaven 1988.

Wall, Robert: Die goldene Zeit der Ozeanriesen. London 1977.

Ward, Douglas: Complete Guide to Cruising and Cruise Ships 2010. London 2009.

Online Filmdatenbanken

filmevona-z.de, imdb.de, OFDb.de

***ibidem*-Verlag**
Melchiorstr. 15
D-70439 Stuttgart
info@ibidem-verlag.de

www.ibidem-verlag.de
www.ibidem.eu
www.edition-noema.de
www.autorenbetreuung.de

Zeitfracht Medien GmbH
Ferdinand-Jühlke-Straße 7
99095 Erfurt, Deutschland
produktsicherheit@kolibri360.de